危ない
残業代ゼロ制度

森岡孝二、今野晴貴、佐々木　亮

Ⅰ　命より儲けの労働時間制度改革　森岡孝二……2
Ⅱ　労働時間の規制外しと「残業代ゼロ制度」の狙い　佐々木亮……22
Ⅲ　若年労働の実態から見た労働時間改革　今野晴貴……46

岩波ブックレット No. 913

I　命より儲けの労働時間制度改革

森岡孝二(関西大学名誉教授)

はじめに

わたしは、NPO法人「働き方ASU−NETネット」のホームページに連続エッセイを掲載している。その第一九七回(二〇一二年九月二七日)に、自民党の新総裁に安倍晋三氏が選出されたことを受けて、「総選挙で安倍首相が誕生すると、「残業ただ働き法案」が生き返らないともかぎりません」と書いた。

これは杞憂ではなかった。二〇一二年一二月の総選挙で自民党が大勝し、年末に第二次安倍内閣が成立した。そして、二〇一三年一月から、日本経済再生本部のもとに産業競争力会議と規制改革会議を設け、成長戦略の柱として労働時間制度改革を検討してきた。

それは、新たな装いを凝《こ》らしてはいるが、第一次安倍内閣の下で「残業ただ働き法案」「過労死促進法案」などと批判され、国会上程が見送られた「ホワイトカラー・エグゼンプション制度」の焼き直し版である。なお、「エグゼンプション(exemption)」とは「適用除外」のことで、ホワイトカラー労働者を労働基準法(労基法)の適用から除外するという意味で使われている。

産業競争力会議の検討作業の到達点を示しているのは、二〇一四年五月二八日に開催された同会議の課題別会合に、雇用・人材分科会主査の長谷川閑史《やすちか》氏(武田薬品工業会長、経済同友会代表幹事）が提出した配付資料「個人と企業の持続的成長のための働き方改革」（以下、「長谷川報告」）である。

長谷川報告のいう「労働時間と報酬のリンクを切り離した」新しい労働時間制度を受けて、安倍内閣は、本年六月二四日に閣議決定した「「日本再興戦略」改訂二〇一四」のなかで、「働き方改革」について次のように打ち出した。

「時間ではなく成果で評価される働き方を希望する働き手のニーズに応えるため、一定の年収要件（例えば少なくとも年収一〇〇〇万円以上）を満たし、職務の範囲が明確で高度な職業能力を有する労働者を対象として、健康確保や仕事と生活の調和を図りつつ、労働時間の長さと賃金のリンクを切り離した「新たな労働時間制度」を創設することとし、労働政策審議会で検討し、結論を得た上で、次期通常国会を目途に所要の法的措置を講ずる」。

この狙いは、一定の年収要件と職務要件を満たした労働者を対象に、労基法による労働時間の規制を撤廃し、残業という概念をなくして、残業代ゼロを合法化することである。長谷川報告は「長時間・過重労働の防止」をしきりに強調しているが、肝心の残業規制については何も言っていない。

以下では、そのことをはっきりさせるためにも、まず長谷川報告でも言及されている日本の長時間労働の現状を、過労死問題に焦点を絞ってざっと確認する。そのうえで、一九八〇年代半ばから今日にいたる労働時間制度の規制緩和の推移をあとづけ、第一次安倍内閣のもとで検討され見送られた「ホワイトカラー・エグゼンプション」を簡単に振り返っておく。そして、現在の安倍内閣が「成長戦略」の柱として創設しようとしている労働時間制度が、働く者の命と健康をいかに危うくするものであるかを明らかにする。

現代日本の長時間労働と過労死

過労死が現代日本の深刻な社会問題として広く知られるようになったのは、一九八八年六月の「過労死一一〇番全国ネットワーク」の開設からである。過労死の労災認定では、この四半世紀余りの間に一定の前進があった。にもかかわらず、労災請求件数でみると、仕事による過労とストレスに起因する労災件数は増えている。とくに過労死の一形態である過労自殺のここ十数年の増え方は尋常ではない。

厚生労働省(厚労省)の「脳・心臓疾患と精神障害の労災補償状況」に関するデータで見ると、過労死にかかわる脳・心臓疾患などの労災請求件数は、**図1**に示したように一九九九年度から二〇〇六年度にかけては四九三件から九三八件へほぼ二倍に増えたが、その後は多少の振幅を伴いながらも、おおむね高止まりしている。他方、過労自殺にかかわる精神障害の労災請求件数は増え続ける一方で、一九九九年度から二〇一三年度の間に一五五件から一四〇九件へと九倍になっている。

精神障害にかかわる過労自殺の増加について注目されるのは、若い労働者の発症が増え続けていることである。六頁の**図2**は、二〇〇九年度から二〇一三年度の過労死と過労自殺の労災請求件数の年齢別分布を示したものである。これを見ると、五〇代、六〇代は過労自殺より過労死が

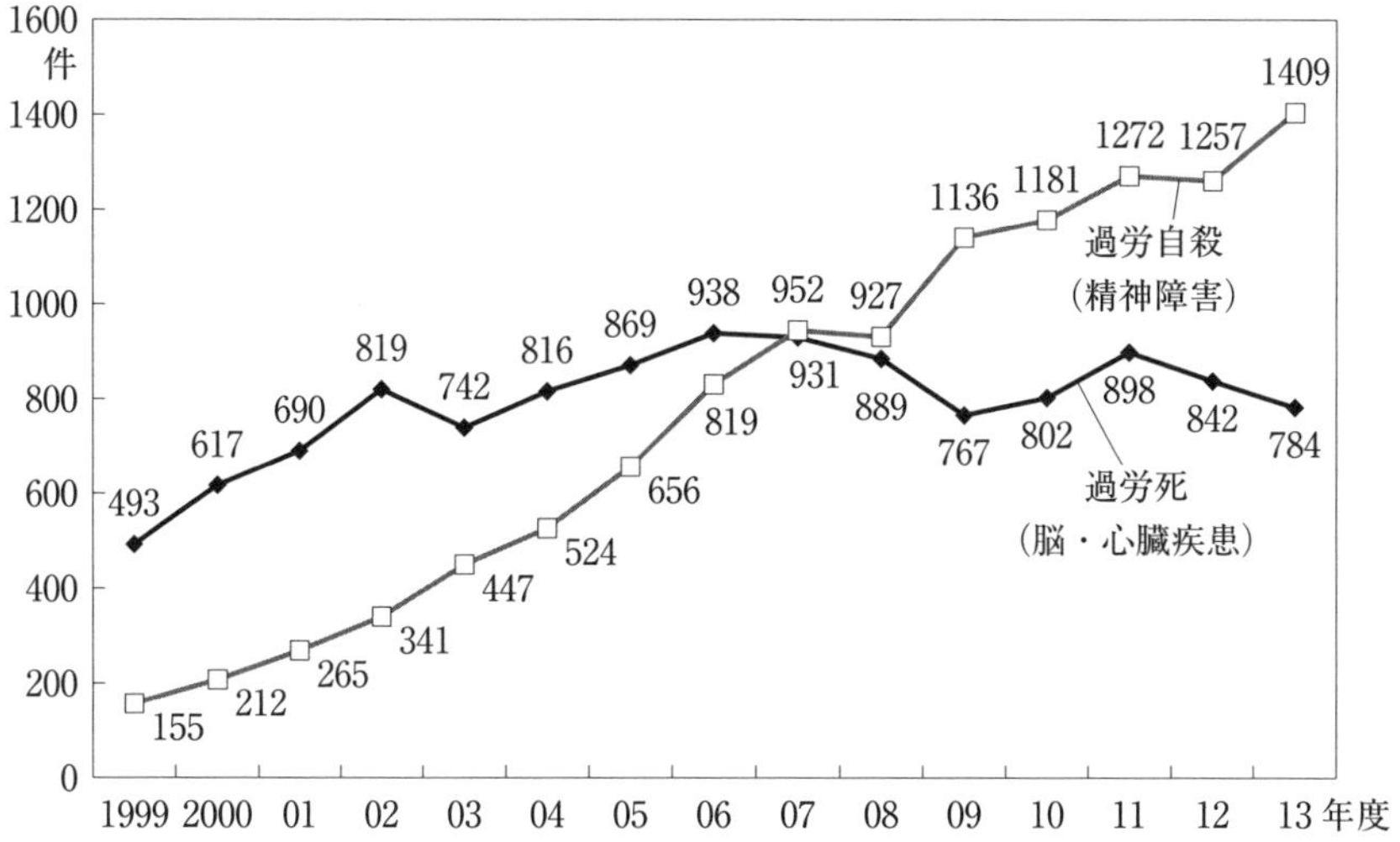

図1　過労死・過労自殺の推移

出典：厚生労働省「脳・心臓疾患と精神障害の労災補償状況」.
注：死亡事案以外を含む.

多いが、四〇代から三〇代、二〇代、一〇代へと下がるほど、過労死に比べ、過労自殺の比率が高いことがわかる。

前出の厚労省資料で過労死・過労自殺の労災申請件数を見ると、二〇一三年度ではホワイトカラーがおよそ五五％、ブルーカラーが四五％である。しかし、過労死（脳・心臓疾患など）と過労自殺（精神障害など）を分ければ、過労死はブルーカラーに多く、過労自殺はホワイトカラーに多い。七頁の**図3**に明らかなように、この傾向は最近になるほど顕著である。過労死はホワイトカラーでもブルーカラーでも概《おおむ》ね横這いであるのに対して、過労自殺はどちらも増加傾向にあり、わけてもホワイトカラーにおける増加が際だっている（いずれも死亡事案以外を含む）。

八頁の**表1**に示した五カ国のフルタイム労働者の週労働時間の比較では、二〇一一年現在、日本はアメリカ、イギリスより約一〇時間長い。ドイ

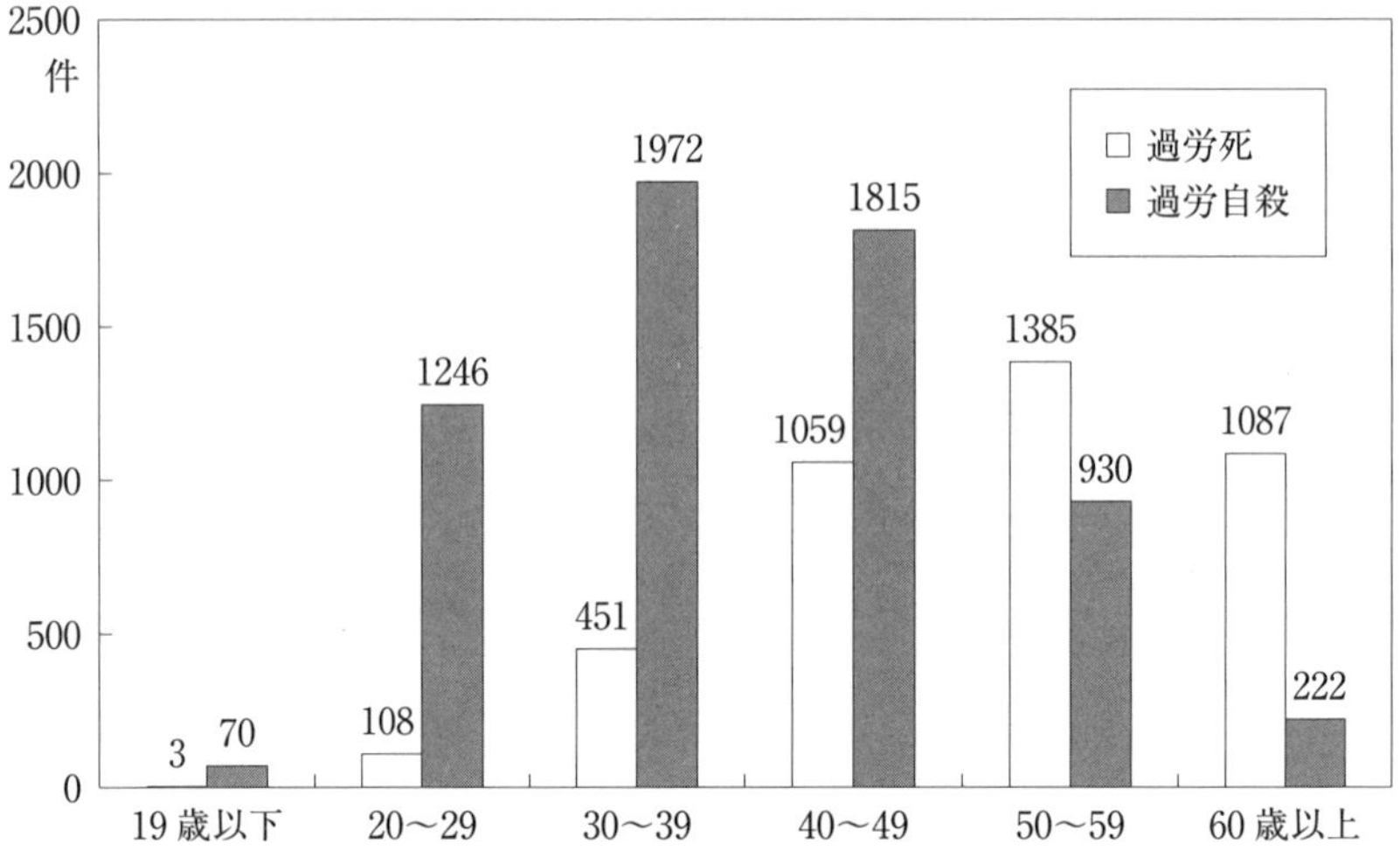

図 2　若い労働者に多い過労自殺

出典：図 1 に同じ.
注：死亡事案以外を含む.

ツ、フランスと比べると約一二～一三時間の差がある。年間で言えばドイツ、フランスより六〇〇時間以上長い。一カ月の法定労働時間を月一七二時間（四〇時間×四・三週）とすれば、日本の労働者は、ドイツやフランスの労働者より一年間に三・五カ月も余分に働いていることになる。

厚労省の過重労働対策では、発症前の一カ月間に一〇〇時間以上、または二カ月～六カ月の月平均で八〇時間以上の残業をしている場合は、業務と発症との関連性が強いとされている。「過労死ラインの労働時間」と言われる月八〇時間以上の残業は、ざっと週六〇時間（法定四〇時間＋二〇時間）以上の労働時間を意味する。総務省「労働力調査」の二〇一三年平均結果によれば、週六〇時間以上働いている人は、自営業者や家族従業員を含めれば五七八万人、雇用労働者に限っても四七九万人を数える。

仕事による過労やストレスが強まっている背景

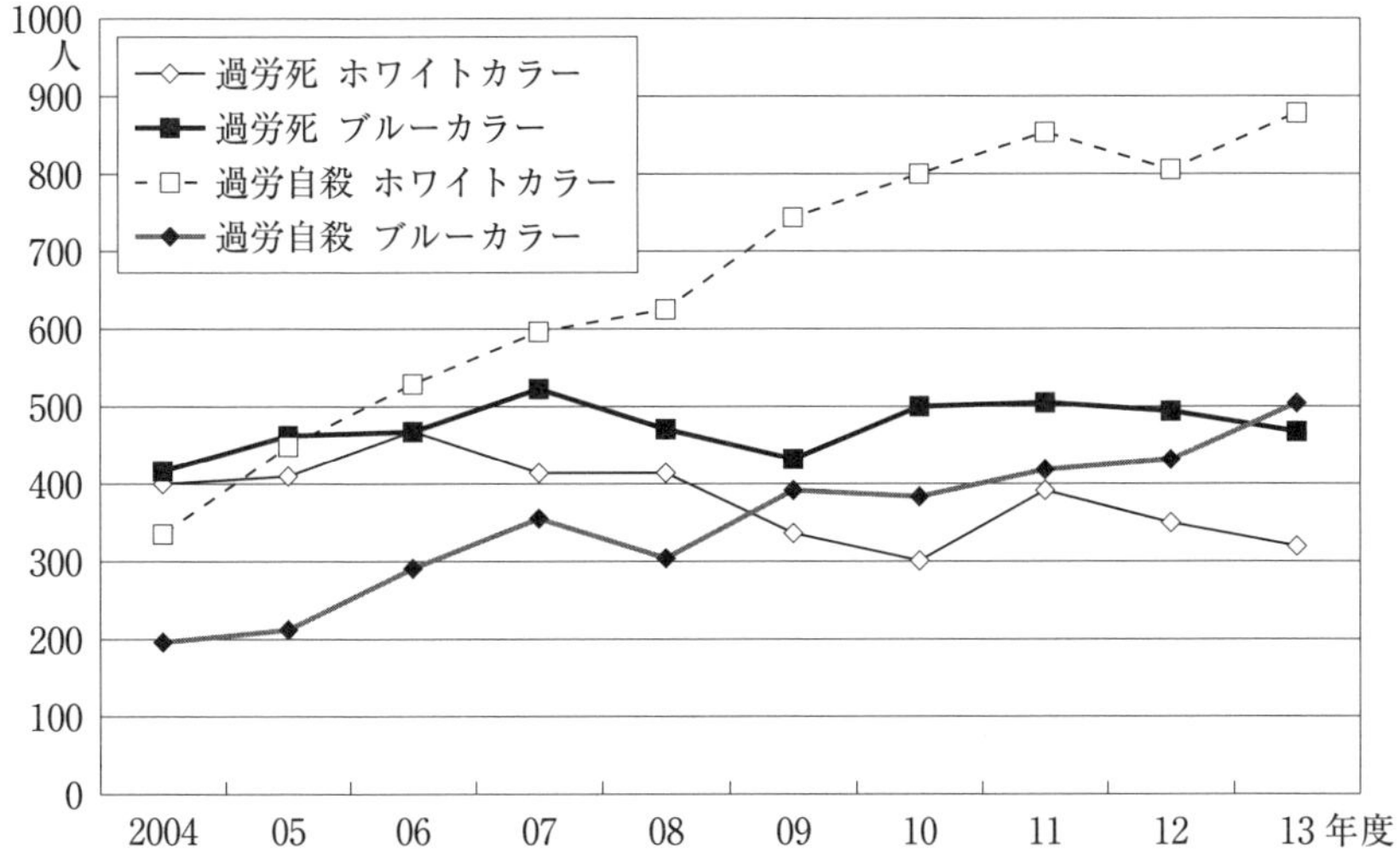

図 3　ホワイトカラーに多い過労自殺

出典：図 1 に同じ．

注：ホワイトカラーは専門・技術，管理，事務，販売従事者．ブルーカラーはサービス，輸送・機械運転，生産工程，運搬・清掃・包装，建設・採掘従事者．

は長すぎる労働時間だけではない。過労やストレスの増加には、グローバル化や情報化などの経済活動の変化も影響している。グローバル化が進むと、グローバル企業の進出先の合弁企業や契約工場で働く現地労働者の劣悪な労働条件の影響を受けて、本国の雇用が不安定化し、賃金を押し下げる圧力や、労働時間の延長を招く圧力が強まる。また、情報化が進み、インターネット、パソコン、携帯電話、Eメールなどの通信機器が普及すると、商品としての財やサービスの種類とともに仕事の量が増え、研究開発や納期や取引における時間ベースの競争も強まってくる。また、新しい情報ツールは、家にいても、出先でも旅先でも、仕事が追いかけてくる状態を生み出し、経済活動の二四時間化と相まって、業務の精神的ストレスを高める一因になっている。情報化に伴う働き方のこうした変化は、

		2001 年	2006 年	2011 年
日　本	男性	50.9	52.5	53.1
	女性	42.9	44.9	44.1
アメリカ	男性	43.0	42.9	42.5
	女性	40.3	40.3	40.2
イギリス	男性	45.1	43.8	43.6
	女性	40.2	39.6	39.6
ドイツ	男性	40.3	40.6	40.9
	女性	38.6	38.5	38.6
フランス	男性	39.1	40.1	40.3
	女性	37.4	37.7	38.2

表 1　フルタイム労働者の労働時間の国際比較

出典：日本は「社会生活基本調査」各年．その他は OECD, Average usual weekly hours, 2012.

注：日本は「正規の職員・従業員」の「通常の 1 週間の就業時間」．

ストレス性疾患などによる過労自殺が増加する一因になっていると考えられる。

雇用の非正規化や労働組合の弱体化の影響も無視できない。職場ではパート・アルバイト・派遣・契約社員・嘱託などの非正規労働者が増え、「労働力調査・詳細集計」一～三月平均でみると、一五歳から二四歳までの若年層では、非正規労働者比率は五割を超えている。最近は雇用環境の悪化を反映して、若い正社員の間でも、ブラック企業に典型を見るように、酷い働かせ方が広がってきた。またそのなかで、職場のいじめや嫌がらせやパワハラ（パワーハラスメント）の増加が問題になってきた。こうしたことも、若者の間で、うつ病をはじめとする精神障害などに起因する過労自殺が増加している背景になっていると考えられる。

労働時間制度の規制緩和の推移

労働時間は労働者の健康管理の基準である。長すぎる労働時間は、労働者から肉体的な発達と健康維持に必要な休息、睡眠、食事、入浴、身体の運動などの時間を奪い取るだけではない。それはまた、精神的な発達と健康維持に必要な社交、文化、教養、娯楽などの時間を奪い取る。
労働時間はまた、労働者に対する賃金支払いの基準でもある。資本主義の初期には、慣習的に労働時間があまり変化しなかったことから、賃金は時間に関係なく一日いくら、一週いくらと固定されていた。しかし、産業革命の時代に長時間労働が広がるにつれて、延長された時間が「タダ働き」になる固定賃金制は労働者に受け入れられなくなり、労働に応じた支払いを原則とする時間賃金制に取って代わらざるをえなくなった。

固定賃金制から時間賃金制に移るには、二つの条件が整っていなければならない。一つは、基準となる労働時間の確立である。そのためには、法律か全国的労働協約によって、使用者が労働者に命ずることのできる労働時間の上限が一日八時間とか、週四〇時間とかに定められていなければならない。もう一つは、残業がない場合の一時間当たりの通常の賃金(時給)を前提とした、時間外労働(残業)に対する割増賃金の支払いである。この二つの条件が整備されて、はじめて近代的な時間賃金制が生まれ、労働に応じた支払いという資本主義の賃金原則が成立する。

一九一一(明治四四)年に日本ではじめて労働者を長時間労働から保護する工場法が制定された。しかし、それは、女工の一日の通常の労働時間が紡績一二時間、織布一四時間であった時代(細井和喜蔵『女工哀史』岩波文庫、一二八頁)に、女性と一五歳未満の年少者の労働時間を一日一二時間に制限しただけであった。

戦前の工場法に比べると、戦後の労働基準法は、八時間労働制を取り決めた一九一九年のＩＬＯ(国際労働機関)一号条約から三〇年近く遅れてではあるが、男女の別なく全産業を対象とする一般法として、一日八時間・一週四八時間を定めた画期的な法律であった。

とはいえ、肝心の法定労働時間の強制力という点では、労基法は成立当初から重大な不備を抱えていた。というのは、使用者は同法の三六条にもとづいて労使協定(いわゆる三六協定《さぶろくきょうてい》)を締結して労働基準監督署に届け出れば、時間外および休日に、いくら長時間労働をさせても罰せられないという抜け道が用意されていたからである。これは労働時間の延長の限度を厳しく定めたＩＬＯ一号条約の規定とは相容れない。そのために、日本は現在もＩＬＯの労働時間関係の条約を一本も批准できないでいる。

こういう不備のある労基法ではあるが、残業代の支払い義務を定めた同法に対する経済界の規制緩和要求は根強く、**表2**に示したように、一九八〇年代半ば以降、労働時間の規制緩和のための労基法などの「改正」が繰り返し提案され、実施されてきた。

労働時間の規制緩和に関して、まず注目されるのは一九八七年の労基法改定である。この改定によって、労働時間の上限に関する規定が「一日八時間、一週四八時間」から「一週四〇時間、一日八時間」に変わった。この改定で週四〇時間労働制に移行したこと自体は前進である。しかし、もともとは一日の労働時間の上限がまずあって、そのうえで一週の労働時間の上限が決まっていたにもかかわらず、改定後は一週の労働時間の限度がまずあって、一日八時間は一週四〇時間の割り振りの基準に落とされた点で後退であった。その狙いは、一日八時間の規制を緩和し、変形労働時間制を拡大することにあった。いまさらいうまでもないが、人間の生活時間は二四時間の自然日を周期としている。そうであれば、労働時間の規制は一日の上限規制を基本にしなけ

1947	◇労基法制定(公布・施行)　1日8時間・1週48時間労働制 36条にもとづく労使協定による時間外・休日労働の容認 4週単位の変形労働時間制
1987	◇労基法改定　1週40時間・1日8時間(88年施行，97年全面移行) 1日8時間は週40時間の割り振りの基準に落とされる 変形労働時間制の拡大(1週，1カ月，3カ月単位) みなし労働時間制，フレックスタイム制 裁量労働制(後に「専門業務型」と呼ばれる)を導入
1992	◇労基法改定(93年施行)　1年単位の変形労働時間制導入 裁量労働の対象業務を例示方式から列挙方式(5業務)に変更
1997	◇「告示(労基法関連)」改定(同年4月施行) 裁量労働の対象を5業務から11業務に拡大 ◇男女雇用機会均等法(85年制定，86年施行)改定 18歳以上の女性の残業規制を撤廃(99年4月施行) 以前は1日2時間，1週6時間，1年150時間に規制 ◇労基法改定　企画業務型裁量労働制の導入(2000年4月施行)
2002	◇「告示(労基法関連)」改定(同年4月施行) 専門業務型裁量労働制の対象業務拡大(8業務追加で計19業務に)
2003	◇労基法改定　企画業務型裁量労働制について実施事業場要件の緩和， 労使委員会の議決要件の緩和
2005	◇時短促進法の廃止
2006	◇労働時間規制の適用除外制度の創設を検討(2007年1月見送り)
2014	◇労働時間規制の適用除外制度の創設を再提案

表2　労働時間制度の規制緩和の流れ(1947〜2014年)

ればならない。

変形労働時間制は、週平均四〇時間以内の範囲で、割増賃金を支払うこともなく、業務の繁閑《はんかん》や特殊性に応じて、法定労働時間を超えて労働させることができる制度である。労基法制定時には四週単位の変形労働時間制が存在していたが、一九八七年の労基法改定によって新たに一週間単位、一カ月単位および三カ月単位の変形労働時間制が導入され、一九九二年の労基法の改定では、さらに一年単位の変形労働時間制が導入された。

一九八七年の労基法改定においては、新たに事業場外みなし労働時間制と裁量労働制が導入された。両制度は、労働時間の管理を労働者本人に任せて、残業を含め実際に何時間労働したかを問わない点で、労働時間の規制を有名無実化し、サービス残業(賃金不払い残業)を誘発してきた。

一九九七年の男女雇用機会均等法の改定では、募集、採用、配置、昇進における女性差別の規制が努力規定から禁止規定になったという前進があった反面で、一日二時間、一週六時間、一年一五〇時間という女性の残業規制が撤廃された。真の男女平等を期すなら、女性の残業規制を撤廃するのではなく、男性にも同じ残業規制を適用すべきであった。

一九八〇年代以降をとると、労働時間の規制緩和と軌を一《いつ》にして雇用の規制緩和が進み、「雇用形態の多様化」の名のもとにパート、アルバイト、派遣、契約社員、嘱託などの非正規労働者が大幅に増えてきた。現在では全労働者に占める非正規の比率は、ほぼ四割に達している。非正規労働者の多くは、週三五時間未満の短時間労働者であるために、その増加は平均労働時間の大幅な減少を招いてきた。しかし、少ない人員でより多くの仕事をこなさなければならない正規労働者(正社員・正職員)の労働時間は減るどころか、増えてさえいる。男性の正規労働者は現在でも平均週五〇時間以上働いており、うち五人に一人は週六〇時間を超え、過労死ラインといわれる月八〇時間以上の残業をしている。

第一次安倍内閣下のホワイトカラー・エグゼンプション導入論議

日本経団連(日本経済団体連合会)は、二〇〇五年六月、「ホワイトカラー・エグゼンプションに関する提言」を発表した。これは同年四月に厚労省に設けられた「今後の労働時間制度に関する研究会」に使用者側意見として提出されたものである。

経済界のエグゼンプション導入の要求は、この時期にはじめて出たのではない。労働省（現厚労省）の「裁量労働制に関する研究会」が発足した一九九四年には、日経連（日本経営者団体連盟、現在は組織統合して日本経団連）が「裁量労働制の見直しについて」という文書を発表している。この文書では、日経連は、アメリカを参考にホワイトカラー・エグゼンプション制度を導入する必要性を提起し、裁量労働制を特定の専門業務に限らず、業務が多少とも裁量的なホワイトカラー全体に拡大すべきであると主張していた。

アメリカの労働時間制度は日本とは大きく異なっている。日本の労基法は一週四〇時間、一日八時間という労働時間の上限を定めているが、アメリカの公正労働基準法は、週四〇時間を超える労働については、通常の賃金の一・五倍以上の割増賃金を支払わなければならないと規定しているだけである。しかも、週四〇時間を超える残業賃金の支払い義務についても、ホワイトカラーの広い範囲について、使用者の労働者に対する残業代支払い義務を免除する制度が設けられている。これがいうところのホワイトカラー・エグゼンプションである。

このエグゼンプションには、①管理職エグゼンプション、②運営職エグゼンプション、③専門職エグゼンプションという三つの基本類型があり、それ以外に外勤販売労働者のエグゼンプションやコンピュータ労働者のエグゼンプションなどが置かれている。アメリカに倣《なら》って日本にこの制度を導入するべきだと主張している人びとは、アメリカ並みに労働時間の上限規制をなくし、ホワイトカラーについては残業賃金もなくすという点で、労働時間の規制撤廃を求めているのである。

第一次安倍政権が誕生したのは二〇〇六年九月であった。その年の秋から冬にかけては、厚労省の労働政策審議会でホワイトカラー・エグゼンプション制度の検討が大詰めを迎えつつあった。その過程で「残業ただ働き法案」や「過労死促進法案」といった呼称が広がり、労働界の反対運動が急速に高まってきた。そういうなかで、二〇〇七年一月、安倍首相は、「現段階では国民の理解が得られていると思えない」という理由で、関連法案の通常国会への提出を断念せざるをえなかった。

第一次安倍内閣下のホワイトカラー・エグゼンプション導入案については、人材派遣会社ザ・アールの社長で労働政策審議会の使用者側委員であった奥谷禮子氏が、次のように語って、世論の反発を買った。

「さらなる長時間労働、過労死を招くという反発がありますが、だいたい経営者は、過労死するまで働けなんて言いませんからね。過労死を含めて、これは自己管理だと私は思います」「たとえば、祝日もいっさいなくすべきです。二四時間三六五日を自主的に判断して、まとめて働いたらまとめて休むというように、個別に決めていく社会に変わっていくべきだと思いますよ」「同様に労働基準監督署も不要です」(『週刊東洋経済』二〇〇七年一月一三日号)。

安倍首相が二〇〇七年通常国会への提出見送りを表明した直後に開かれた経済財政諮問会議で、民間議員の一人であった丹羽宇一郎氏(当時、伊藤忠会長)が次のような発言をしたことも、物議をかもした。

「若い人でも、残業代は要らないから仕事をもっと早くスキルを身につけてやりたい、土日でも残業代は要らないから出社したいという人がたくさんいる」「少なくとも土日だけはホワイトカラー・エグゼンプションで、残業代は要らないから仕事をさせてくださいという人に、仕事をするなという経済の仕組みというのはじつにおかしい」「外国、特にアメリカではそういう制度があり、どんどん働きたい人は働かせている。日本ではできないのはじつにおかしい」（「平成一九年第一回経済財政諮問会議議事要旨」二〇〇七年一月一八日）。

労働者の命と健康を顧みない経営者のこうした発言は、第二次安倍政権によってまたもやホワイトカラー・エグゼンプション制度の創設が持ち出されているだけに、あらためて想起されてよい。

第二次安倍内閣の「新たな労働時間制度」創設案

二〇一三年二月の第二回規制改革会議に、以下の四項目を柱とする労働時間の規制緩和を雇用改革の優先課題とする文書が示された。

①　企画業務型裁量労働制にかかる対象業務・対象労働者の拡大
②　企画業務型裁量労働制にかかる手続きの簡素化
③　事務系や研究開発系等の労働者の働き方に適した労働時間制度の創設

④　フレックスタイム制の見直し

このうち③は、第一次安倍内閣のときに導入を試みて失敗したホワイトカラー・エグゼンプションのことである。今回は前回の失敗によほど懲《こ》りたのか「ホワイトカラー」という言葉は使っていないが、③にいう「事務系や研究開発系等の労働者」とはホワイトカラーにほかならない。①②は裁量労働制の拡大と手続きの簡素化を言ってはいるが、経済界はもともと裁量労働制を特定の職種に限らず、ホワイトカラー全体に拡大すべきであると主張してきた。それを考えると、①②は③の呼び水、または露払いの役目を帯びているとも言いうる。

その後の経過で見過ごすことのできないのは、冒頭に触れた五月二八日の長谷川報告に先立って、二〇一四年四月二二日の産業競争力会議と経済財政諮問会議との合同会議に提出された長谷川ペーパー「個人と企業の成長のための新たな働き方」である。

このなかでは、労働時間制度の新提案は、Aタイプ（労働時間上限要件型）とBタイプ（高収入・ハイパフォーマー型）とに分かれている。

Aタイプは、収入の多少を問わず、労働時間を自己の能力で管理できない者を除くすべての労働者が対象となる。このタイプでは、労働時間に上限を設けるとされているが、その基準となる期間や時間数は示されていない。さらに健康管理の厳格な実施を謳《うた》っているが、労働時間の規制を外して、どのように健康管理をするのかも示されていない。結局、Aタイプは、「労働時間上限要件型」というより「年収要件不問の大多数対象型」であると言わざるをえない。なお、閣議決定された「「日本再興戦略」改訂二〇一四」では、最初から対象者を広くすると広範な反対を招くことを恐れたのか、Aタイプは落ちている。

Bタイプは一定年収以上の、高度な職業能力を有し、自律的かつ創造的に働きたい社員を対象とするという。使用者は対象労働者に対して、職務内容と達成目標を提示し、その成果（達成度）に応じて報酬（賃金）を支払うことになっている。年収一〇〇〇万円の給与所得者は管理職を含めて全労働者の四％に満たないが、後日、産業競争力会議のメンバーでもある日本経団連の榊原定《さだ》征《ゆき》会長（東レ会長）は、「全労働者の一〇％ぐらいは適用される制度に」と述べ、また別の機会に「あまり限定せず、対象職種を広げる形で制度化を期待したい」と注文をつけた。この一事をとっても、世論の抵抗を和らげるために、小さく産んで大きく育てようとしていることは明らかである。かつて労働者派遣制度も当初は対象業務を限定していたが、やがて製造派遣も含め原則自由化された。

冒頭に触れた二〇一四年五月二八日の長谷川報告には、「多様で柔軟な働き方を可能にするため」という名目で、「業務遂行・健康管理を自律的に行おうとする個人」を対象に、「労働時間と報酬のリンク」を外し、「労働時間ベースではなく、成果ベースの労働管理を基本」とする「一律の労働時間管理に囚われない柔軟な働き方」（実際は働かせ方）を実現するとある。

これは第一次安倍内閣でも言われたホワイトカラー・エグゼンプションをめぐる二つのウソ――ホワイトカラーの多くは自律的な働き方をしているというウソと、労働時間の規制を外せば労働者はもっと自由で柔軟に働けるようになるというウソ――の焼き直しである。「「日本再興戦略」改訂二〇一四」が「時間ではなく成果で評価される働き方を希望する働き手のニーズに応える」というが、そういう働き方を希望する労働者が多数いるという想定も、見え透いたウソでしかない。

安倍内閣が強行しようとしている「新たな労働時間制度」は、「労使合意」を前提に、「過半数組合のある企業に限定」して導入するとされている。しかし、労働組合との協定は歯止めにはならない。現行三六協定は労働組合が労働時間の規制力をもつことを前提にしているが、労働組合と結んだ協定のほうが、組合に代わる過半数代表との協定より延長時間が長いことも判明している(東京新聞二〇一二年八月八日)。おそらく労働組合が残業時間を抑えると残業代に依存する組合員の反発を受けるからであろう。

また、「新たな労働時間制度」は、「本人の希望・選択」で適用されるものとなっている。しかし、職場に労働組合がない場合はもちろん、たとえあるとしても、個々の労働者が使用者の求める働き方を自由意思で拒否できるとは考えられない。長谷川報告には「本制度の選択または不選択は、昇進その他処遇に不利益にならないようにする」とあるが、労働者が退職時を除けば年次有給休暇(年休)も一部しか取得できず、男性が育児休業をとったら「あいつ終わったな」と言われかねない職場が多いことを考えれば、労働者が「ノー」と言って不利益を受けない会社が日本のどこにあるのだろう。

おわりに

第一次安倍内閣時のホワイトカラー・エグゼンプション案に比べて第二次安倍内閣のホワイトカラー・エグゼンプション案が目新しいのは、働き過ぎ防止対策をしきりに強調していることである。前出の長谷川報告は「働き過ぎやそれに伴う過労死」に触れながら、「『働き方改革』を進めるにあたっては、働き過ぎ防止に真剣に取り組むことが改革の前提となる」と言う。長谷川氏は経済同友会代表幹事として受けたインタビューのなかで、「新たな労働時間制度」に関連して、「過労死が増えることが絶対にないよう、細心の注意と配慮をするべきだ」(産経新聞二〇一四年六月一七日)とも述べている。

前出の長谷川報告は、労基署による監督指導の徹底、長時間労働の抑制、年休の取得促進などを言い立てているが、一方で労働時間の規制を撤廃しながら他方で規制の強化を言うのは、批判や疑問をかわすための空手形のようにしか見えない。

気になるのは労働時間の上限規制であるが、その基準となる労働時間数や残業時間数は明示されていない。規制改革会議の雇用ワーキング・グループ専門委員である水町勇一郎氏(東京大学教授)は新聞のインタビューで、同会議では「月八〇時間とか一〇〇時間を念頭に置いていた」と語っている(西日本新聞二〇一四年七月四日)。これは、「二～六カ月平均で月八〇時間超か、一カ月で一〇〇時間超の残業」が過労死の労災認定の基準になってきたことから考えて、残業時間を「過労死ライン」以下に抑える、言い換えれば過労死しかねない直前まで働くことがあってもよい、ということになる。厚労省の過重労働対策では、「月四五時間を超えて時間外労働を行わせることが可能な場合でも、健康障害防止の観点から、実際の時間外労働は月四五時間以下とするよう努めましょう」とされている。この趣旨を活かせば、残業は少なくとも月四五時間以下に規制すべきであろう。

しかし、労働時間の規制を外して、残業時間を管理することは不可能に近い。また、たとえ実施されたとしても、年単位や月単位の残業抑制では、過労死を確実に防止することはできない。人はたとえ一日二四時間の連続勤務に耐えられたとしても、二日か三日休まずに働かされると、それだけで過労とストレスで命を落とすか、深刻な健康障害を被る。この場合、一日の残業時間の上限規制がなければ、一カ月や一年の規制はほとんど意味をもたない。

政府が進める労働時間の規制撤廃は、このほど成立した過労死等防止対策推進法（略称・過労死防止法）の理念とは相容れない。防止法がその目的に掲げる「過労死等がなく、仕事と生活を調和させ、健康で充実して働き続けることのできる社会の実現」は、労働時間の規制を外すことによっては達成されない。「新たな労働時間制度」の本格的検討に先立って過労死防止法が制定されたことは、同制度の創設にストップをかける大きな力になるだろう。

現行の労基法が立法の趣旨に沿って厳格に運用されれば、過労死は防止できるはずである。過労死防止法は、抜け道があって実効性に欠ける労基法に魂を入れる、あるいは労基法に一定の実効性を担保する可能性を秘めている。

三六協定の時間外労働の限度に関する指導基準では、週一五時間、月四五時間、年間三六〇時間といった限度時間が設けられていながら、実際は月一〇〇時間さらには二〇〇時間を超えるような特別協定が労使で結ばれ、労基署に受理されている。過労死防止法は、その趣旨を徹底させれば、この限度時間を行政指導上の単なる目安ではなく、厳格な指導基準として適用することを要請せざるをえない。少なくとも過労死ラインを超えるような特例条項は受け付けないというふうになれば、それだけでも過労死は減らすことができるだろう。

新たな労働時間制度の提案では年休の取得に下限を設けて取得促進を図ると言われている。しかし、年休はもともと完全取得されるべきものである。求められているのは、年休取得の下限ではなく、完全取得を労使に義務づけるための労働基準行政の改革である。欧州連合（EU）では労働指令によって翌日の勤務までに最低一一時間の休息を取らなければならないという制度がある。このインターバル休息制度の導入は労基法の改正を必要とするが、過労死の防止のためには実現が急がれる課題である。

Ⅱ　労働時間の規制外しと「残業代ゼロ制度」の狙い

佐々木亮（弁護士）

はじめに

法が使用者に対し労働者を何時間までであれば労働させてよいという内容の規制は、労働に関する最も古い規制の一つである。元々は契約は締結のみならずその内容も自由であり、契約をもってすれば労働者が何時間の労働をしてもそれは「合意」に基づくものとされ、規制はなかった。しかし、一九世紀に工業化が進んだ国々で、年少者・女性を過度に働かせることによる国力の衰退を防ぐために、年少者・女性を対象とする規制が次々に設けられた（イギリスの一八三三年工場法やドイツ〔プロイセン〕の児童労働保護に関する一八三九年規定など）。そして二〇世紀になると、年少者・女性に限らず、労働者一般へ向けて労働時間についての規制がかけられるようになった。

日本では、工業化の遅れもあったため、一九一一年の工場法で年少者・女性を対象に規制が導入されたのが最初であった。その後、第二次世界大戦後になってようやく一九四七年労働基準法において、労働者一般に対し労働時間規制が導入されるに至る。一九四七年労基法では週の労働時間が四八時間までとされていたが、一九八七年の同法改正により週の上限は四〇時間とされた。ただ、実際は四六時間（一九八八年）、四四時間（一九九一年）、四〇時間（一九九四年）と漸進《ぜんしん》的に短縮の道を歩んできた（ただし、一部の猶予企業は、四八時間〔一九四七年〕、四六時間〔一九九一年〕、四四時間〔一九九四年〕、四〇時間〔一九九七年〕という経過をたどった。なお、現行法は小規模の商業・サービス業に関する特例に該当する企業は週四四時間の規制となっている）。

このように労働時間の上限が現行の週四〇時間に短縮されたのは、たった二〇年前のことである。

1　何が提案されているのか

政府が今回提案しようとしている内容を見るためには、最終案である「『日本再興戦略』改訂二〇一四」を見ればよいが、ここに至る前に二つの会議によって、さまざまな議論がなされている。ゆえに、その真の狙いを読み解くには、次の二つの会議の議論を追う必要がある。以下、概観してみよう。

（1）規制改革会議

内閣総理大臣の諮問機関である規制改革会議は、二〇一三年一二月五日付「労働時間規制の見直しに関する意見」において、労働時間法制の包括的な改革が必要だとして、現在の管理監督者の適用除外及び裁量労働制を見直し、「分かりやすく実態に合致した新制度」を創設することを提唱した。

ここで「管理監督者」とは、労基法四一条二号でいう「監督若しくは管理の地位にある者」である。少し前に「名ばかり管理職」という言葉がメディアを賑わせたが、その問題の制度である。

でも違法にならないため、実際には管理監督者の実態がないにもかかわらず、これを濫用する企業が多いことから注目を浴びた。裁判例では、日本マクドナルド事件(東京地裁平成二〇年一月二八日判決)が有名である。

また、「裁量労働制」とは、分かりやすく言えば、裁量的な働き方をする労働者に対してあらかじめ一定の労働時間を前提にした給与設計をし、その給与を支払う限り、時間に応じた給与を払わないでもよいという制度である。現行法では、企画業務型と専門業務型の二種類がある。ただ、この制度は長時間労働を誘発する危険性が高いので、その導入には手続き的な規制が課せられている。また、実態としても、裁量のある働き方だとしつつも、裁量がないほどの長時間労働を課している企業は多く、問題の多い制度である。

規制改革会議が挙げたこの両制度の共通点は、法定労働時間を超えた労働と割増賃金がリンクしない点にある。そして同会議の考えでは、現行の制度に新しい制度を加えるのではなく、現行の制度がカバーしている労働者の範囲より広い、先の共通点をもった「新制度」を作ろうとしているものと推察される。それが「分かりやすく実態に合致した」の意味である。

規制改革会議によれば、「新制度」では、適用除外の範囲は国が対象者の範囲の「目安」を示すものの、基本的には集団的な労使自治に委ねるとし、この対象となった労働者には深夜割増賃金を含めて労働時間規制の適用はないとしている。現在の管理監督者では、深夜割増賃金の規制はかかるのであるから、より規制を緩和した制度を目論んでいることがわかる。

他方、労使協定の届け出の義務化、対象者の健康確保措置(労働時間の量的上限規制、休日・休暇の取得についての強制的取り組み)を掲げ、これを長時間労働への対策とした。そして、①労働時間の量的上限規制、②休日・休暇取得に向けた強制的取り組み、③一律の労働時間管理がなじまない労働者に適合した労働時間制度の創設は相互に連関した課題だとして、この三つをセットにした「三位一体」の改革が必要だと強調している。

その後、規制改革会議内の雇用ワーキンググループ(以下、「雇用WG」)は、座長である鶴光太郎慶應義塾大学教授名義で、二〇一四年五月二二日付「労働時間規制の三位一体改革について」との書面を公表し、前記「労働時間規制の見直しに関する意見」の路線を維持した。なお、鶴教授名義の同ペーパーには、現行制度と「新たな労働時間制度」の比較表が掲載されているところ、同表によると、現行制度の裁量労働制には適用されている労働時間(労基法三二条)、休憩(同法三四条)、休日(同法三五条)、割増賃金(同法三七条)のすべてが「適用されない」ことが明記されている。

他方、その緩和措置として、労働時間の「絶対的な量的上限規制」や「休日・休暇取得の強制的取り組み」の導入をうたってはいるが、絶対的な量的上限規制が何時間であるのか記載は同文書にはない。ただ、この点について、雇用WGの専門委員である水町勇一郎東京大学教授がメディアのインタビューに答える形で、「月八〇時間とか一〇〇時間を念頭に置いていた」と述べていることはⅠ章でも述べた(西日本新聞二〇一四年七月四日付)。しかし、いわゆる過労死ラインとされている月間時間外労働時間は八〇時間であることからすれば、この「八〇時間とか一〇〇時間」については、量的上限規制として不適切な労働時間であろう。過労死が出る可能性のある労働時間を放置することは、規制という名に値しないことは明白である。

なお、規制改革会議においては、新制度の対象となる労働者については具体的なイメージは述べておらず、「働き方の多様化にあわせた労働時間規制がない」とか、「一律の労働時間管理にそぐわない働き方」が増えている、といった指摘にとどまっている。

(2) 産業競争力会議

産業競争力会議は、内閣総理大臣を議長とし、日本の経済成長に関する事項についての調査審議機関である。議員は、経済産業大臣らと大企業の経営者等で構成される。ちなみに、小泉純一郎内閣で規制緩和を強烈に推し進めた竹中平蔵氏が「慶應義塾大学教授」の肩書きで議員に入っているが、同氏は人材派遣会社であるパソナグループ株式会社の取締役会長という身分もあるのだから、学者のみの肩書きで議員となっているのは公正さを欠いているものといえるだろう。そもそも、人材派遣業は国が規制を設けて事業拡大などを制限しているいわゆる「規制産業」であり、その規制の在り方を議論するところにここまで利害関係の深い人物を議員にすることは、極めて疑問である。なお、仮に同氏を学者と見たとしても、同会議には労働問題に関する専門家はいない（橋本和仁東京大学大学院工学系研究科教授と増田寛也東京大学公共政策大学院客員教授が議員であるが、橋本教授は物理化学が専門であり、増田氏は県知事などを歴任した元建設省の官僚である）。そのため、同会議の議論は、現行法に対する基本的な理解を欠いたまま展開されることが多い。

産業競争力会議では労働関係の諸事項について「雇用・人材分科会」を置き、このなかで議論を行っている。同分科会の主査には長谷川閑史氏（武田薬品工業株式会社代表取締役）が就いている。同分科会は、二〇一三年一二月一〇日付「「雇用・人材分科会」主要論点メモ（労働時間等）」においで労働時間規制に言及し、「新たな働き方に応じた労働時間規制の見直し」を提唱する。ここでは、具体的制度は語られていないものの、対象の労働者として、「上司の具体的な指揮・命令なしに、労働者が自らの判断で労働時間を決められる専門性の高い自己管理型職種で、例えば、年収一〇〇〇万円を超えるような企業との交渉力も大きい高所得専門職」が挙げられている。

その後、長谷川氏は、民間議員の意見を取りまとめたものとして、二〇一四年四月二二日付「個人と企業の成長のための新たな働き方――多様で柔軟性ある労働時間制度・透明性ある雇用関係の実現に向けて」との文書を公表した。同文書では、「個人の意欲と能力を最大限に活用するための新たな労働時間制度」が必要だとして、「労働時間と報酬のリンク」を外すことが提唱されている。

ここでは「Aタイプ（労働時間上限要件型）」と「Bタイプ（高収入・ハイパフォーマー型）」という二つの「イメージ」が記されている（I章参照）。これが発表されると、特にAタイプの対象労働者について、「平社員でも残業代ゼロ」との批判が沸き起こった（朝日新聞二〇一四年四月二三日付「「残業代ゼロ」厚労省懸念　「企業の立場強い」　競争力会議」、毎日新聞同四月二三日付「労働時間：規制緩和案　労使合意で大半適用　際限ない労働時間に不安」、週刊東洋経済二〇一四年五月二四日号「特集　雇用がゆがむ」など）。

このような批判を受けてか、同分科会主査の長谷川氏が公表した二〇一四年五月二八日付「個人と企業の持続的成長のための働き方改革」では前の書面にあったAタイプ、Bタイプという区分はあっさり撤回され、対象労働者について「業務遂行、労働時間等を自己管理し成果を出せる能力のある労働者」「職務経験が浅い、定型・補助・現業的業務など自己裁量が低い業務に従事する社員は対象外」「中核的・専門的部門等の業務、一定の専門能力・実績がある人材、将来の幹部候補生や中核人材等が対象」「量的上限規制を守れない恒常的長時間労働者、一定の成果がでない者は一般の労働管理時間制度に戻す」といった記載がなされた。これらの記載内容だけ見るとAタイプとBタイプを混ぜ込んだような内容になっており、結局、どんな労働者が対象なのか意味をつかみかねるものとなっている。

なお、年収要件については「参考：裁量労働制適用労働者割合：企画型業務型〇・三％　専門業務型一・二％／給与所得者の内、一〇〇〇万円以上三・八％」との記載があるのみで、一〇〇〇万円以上を対象とすることを示唆するような記載にとどまっている。これは、金額をあまりに強調すると、事後、引き下げる際の足枷《あしかせ》になりかねないことから、あえて曖昧な表現としたものと推察される。

また、同会議の議論においては、労働時間規制の適用除外についての制度や健康確保措置、適正な報酬確保措置などの具体的イメージも言及されないままとなった。

（3）「日本再興戦略」

規制改革会議や産業競争力会議の議論を経て、二〇一四年六月に「「日本再興戦略」改訂二〇一四」(以下「改訂戦略」)が閣議決定されるに至った。改訂戦略では、「健康確保や仕事と生活の調和を図りつつ、時間ではなく成果で評価される働き方を希望する働き手のニーズに応える、新たな労働時間制度を創設する」とし、具体的には、「時間ではなく成果で評価される働き方への改革」だとして、「一定の年収要件(例えば少なくとも年収一〇〇〇万円以上)を満たし、職務の範囲が明確で高度な職業能力を有する労働者を対象として、健康確保や仕事と生活の調和を図りつつ、労働時間の長さと賃金のリンクを切り離した「新たな労働時間制度」を創設する」として、次期通常国会(二〇一五年通常国会)を目途に所要の法的措置をとる旨明記している。同時に、裁量労働制やフレックスタイム制の見直しにも言及している。

(4)狙いはどこにあるか

以上のように、改訂戦略における記載は簡潔になっているが、これまでの議論からすれば、次のような「新制度」を想定していると考えられる。

まず、年収を要件とすることが考えられる。現時点で一番有力なのは年収一〇〇〇万円であるが、後述する通り、これはその後引き下げられることは間違いない。

また、労働者の職務内容が、「新制度」適用の要件となるかについては改訂戦略の記載からは未知数である。「職務の範囲が明確で高度な職業能力を有する労働者」との表現はあるが、職務内容がいかなるものかについての言及はない。ゆえに、どのような職務の者でも対象となる可能性が残っている。この点、できるだけ広い労働者を対象にすることを目論んでいる産業競争力会議での議論が影響するものと思われる。

そして制度の内容としては、「適用除外」として、労基法上の労働時間規制から完全に外れる制度を創設しようとしている。この点は、規制改革会議の議論が先行しており、この議論を下敷きにした制度が提案されるものと考えられる。

これらの「新しい労働時間制度」の導入の狙いについて、長時間労働を増長させないとか、ペイ・フォー・パフォーマンスの浸透であるなどと言われているが、後述する通り、労働時間規制の適用除外の新たな創設とこうした目的に連関性はない。また、そのもたらすメリットについて「生産性の向上」「成果に応じた報酬」などと謳っているが、これは逆に言えば、「成果」を出さない労働者への賃金抑制が主目的であるということになる。すなわち、もし「新制度」が導入されれば、対象となる労働者は「成果」を得るために長時間労働をすることが想定される。その場合、結果として、「成果」を出せばそれに見合った報酬を得ることができる可能性があるとされるが、もし成果を出せなければ単なる長時間のただ働きとなる。使用者から見れば、成果を出さない労働者へ無駄な賃金を支払わないという意味でメリットのみがもたらされるが、労働者から見ると、長時間働いても成果が出なければ単なるただ働きになるというリスクを伴うものとなる。結果として、使用者からすれば、成果を出さない労働者への賃金抑制が実現する。ただ、後述する通り、労働者が「成果」を出したとしても、それに応じた報酬が支払われるかどうかの保障はない。賃金額については、最低賃金法の規制以外に、法律上強制することはできないからである。

しかも、それが「成果」に応じたものとなるのであれば、なおさら法律で一律に規制することは不可能といえるだろう。そうなれば、結局、成果に見合った賃金という制度導入の目的は、使用者の「善意」に委ねられることになるに過ぎない。

むしろ、こうした制度の導入によって労働者の健康被害が引き起こされることの方が容易に想定できるし、現実の危険性が高い。そのため、この点の批判を弱める目的で、改訂戦略も「長時間労働・過重労働の防止」も同時に行うと強調しているわけであるが、それがどこまで実効性ある制度が導入されるのか不透明である。そもそも、もしこうしたことが必要なのであれば、「新制度」の対象者だけでなく、全労働者を対象として「長時間労働・過重労働の防止」の措置をとるべきであるが、その点は議論の俎上にさえ載っていない。

2　現行法の労働時間規制と現状

さて、前記の通り、政府は労働時間規制に対して大きな変更を加えようとしているが、現行法における長時間労働規制を概観し、その目的や限界点を再確認したい。

(1)労基法三二条

まず、労働時間規制の大原則は労基法三二条である。同条には、「使用者は、労働者に、休憩時間を除き一週間について四十時間を超えて、労働させてはならない」「使用者は、一週間の各日については、労働者に、休憩時間を除き一日について八時間を超えて、労働させてはならない」とある。すなわち、週四〇時間労働、一日八時間労働が上限であると明解に規定している。同法違反には罰則(同法一一九条一号)もあり、法は強い態度でこの原則を守らせようとしている。

(2)三六協定

前記の大原則をもってすれば、残業というもの自体が生じ得ないとも思われるが、法は例外を用意している。それが三六協定と呼ばれる労基法三六条に規定された例外規定である。

同条では、「使用者は、当該事業場に、労働者の過半数で組織する労働組合がある場合においてはその労働組合、労働者の過半数で組織する労働組合がない場合においては労働者の過半数を代表する者との書面による協定をし、これを行政官庁に届け出た場合においては」、労働時間に関する規定にかかわらず、「その協定で定めるところによつて労働時間を延長」することができるとしている。

三六協定を締結している事業場においては、使用者は時間外労働を命じることができる。先の労基法三二条に対する例外であるが、労働者代表が関与する労使協定という形をとることによって歯止めをかける構造である。三六協定に反する時間外労働は違法であり、刑事罰の対象となる。もちろん私法的にも無効であるので、三六協定に反する時間外労働の命令に服する義務はない。

この三六協定における上限となる労働時間については、法は直接の定めを置いていない。同条二項で、厚生労働大臣が上限を定めるとしているが、それは次頁の**表**の通りである。

この表にある限度での労働時間が許され、これ以上の労働時間は一切許されないというのであればまだ実効性があったと思われるが、現行では「特別条項付き協定」を許容しているため、これ以上の限度時間を三六協定で結ぶことができる。結果、この上限を超えた残業時間を定める企業は多く、酷い場合は過労死ラインを超えた限度時間を定める企業さえある始末である。これらの現状を見る限り、労使協定というスキームにおける「歯止め」が機能していないことがわかる。

また、三六協定を結び、その範囲内であれば、労働者は使用者からの時間外労働の命令に服する義務があるのかという問題もある。労働契約では本来、始業時刻・終業時刻が明確に定められているのであるから、その時間内においては労務を提供する義務が労働者にあることは当然だが、その時間外においても命令として労働者に労働をさせることができるのか、という論点である。学説は、時間外労働の命令を受けた労働者が、その都度それに同意した場合にのみ労働の義務が発生するとの見解や、そのつどの同意までは必要ではなく具体的な日時、場所、仕事内容等について事前の同意があればよいという見解があり、それぞれ有力であった。就労の現場の実務感覚としても、所定労働時間を超えて仕事をさせるにあたり、当然に時間外労働をやらせるというのはあまりいい職場ではなく、命ずる側が「お願い」という形で時間外労働を命じ、労働者側がこれを受容するとの構図をとっている職場の方が、穏やかな職場との感覚がある。

ところが、最高裁は、こうした学説や現場感覚を明確に否定する判決を出している。すなわち、就業規則において三六協定の範

期間	限度時間
1 週間	15 時間
2 週間	27 時間
3 週間	43 時間
4 週間	45 時間
2 ヵ月	81 時間
3 カ月	120 時間
1 年	360 時間

36 協定で定める延長時間の限度

囲内で所定労働時間を延長して労働させることができると規定されている場合は、就業規則の内容が合理的であれば、労働者はその定めるところに従い、時間外労働をする義務を負うとしたのである(日立製作所武蔵工場事件、最高裁平成三年一一月二八日判決)。

そのため、過労死ラインを超えた限度時間を定める三六協定を結ぶ職場においては、合法的な労働によって過労死が発生する事態が生じるのである。後述のとおり、労働時間規制は労働者の健康維持が主目的なのにもかかわらず、労基法の労働時間原則には反していないのに過労死が生じるという矛盾した事態である。

(3)割増賃金

いわゆる残業代とは、この割増賃金を指す場合が多い。

割増率は一日八時間、週四〇時間を超えて働かせる場合には、使用者は通常の賃金の二五%以上の割増賃金を支払わなければならない。深夜労働・休日労働においても割増賃金の支払いを使用者は義務づけられている。深夜労働(午後一〇時から翌日午前五時)の割増率は二五%、休日労働の割増率は三五%、また、月間六〇時間を超えた労働に対する割増率は五〇%である(なお、月間六〇時間超の場合についての割増率の適用は中小企業に対しては猶予されている)。この割増賃金支払い義務を懈怠《けたい》した場合は刑事罰がある(労基法一一九条一号)。

こうした割増賃金の支払い義務を使用者に課すことで、労働者を長時間労働させないようにしている。いわば使用者に対し、逆インセンティブを与えた制度となっている。

(4)規制の目的

本来、契約自由であるにもかかわらず、法をもって労働時間を規制するのは何を目的としているか。これは、かつては、年少者や女性の労働者に規制をかけていたことから分かるように、労働力再生産機能の保護(労働者の健康保持)を主目的としていることは明白である。現代では、この①労働者の健康保持(現代的意味では、人間らしい生活の保障)のほか、②家族的・社会的・文化的生活の保障(十分な私的時間の確保)、③雇用の創出(ワークシェアリング)も目的として挙げられている。このように労働者にとって労働時間の問題は、人間らしく生きるための根幹にかかわる重要な問題となる。

(5)現在の状況

しかし、長時間労働をめぐる現在の雇用の現場は厳しい状態が続いている。

まず、長時間労働の弊害として第一に挙げられるのが健康被害であるが、脳・心臓疾患の労災補償状況は相変わらずの状況で、減っているわけではない。また、精神障害の労災補償状況は、認定数、決定数ともに件数が増加傾向にあるといえる。

週六〇時間以上の労働をしている者は、二〇一二年で約四九〇万人(全雇用者の九・一%)いるとの調査も出ている。これを三〇代男性で絞ると、一四四万人(一八・二%)にものぼる(第一〇三回労働政策審議会労働条件分科会資料、二〇一三年九月二七日)。週の法定労働時間の上限は四〇時間であるから二〇時間以上の時間外労働をしていることになる。これは単純に計算しても、月間八〇時間以上の時間外労働となり、いわゆる過労死ラインを超える。労働者のおよそ一〇人に一人(三〇代男性ではおよそ五人に一人)が過労死ラインを超える疑いのある労働をしているのが我が国の実情である。

そして先に述べたとおり、法定労働時間を超えて労働した場合、使用者には割増賃金を支払う義務がある。しかし、これを支払わない使用者が相当数いる。

全国の労働基準監督署が、二〇一二年四月から二〇一三年三月までの間に、定期監督及び申告に基づく監督等を行い、その是正を指導した結果、不払いになっていた割増賃金が支払われたもののうち、その支払い額が一企業で合計一〇〇万円以上となった事案の状況だけでも是正企業数は一二七七企業、支払われた割増賃金合計額は実に、一〇四億五六九三万円にものぼる(監督指導による賃金不払い残業の是正結果、平成二四年度)。また、二〇一三年九月に厚生労働省が行った「若者の「使い捨て」が疑われる企業等への重点監督」においても、二三・九%の職場(一二二一事業所)において賃金不払い残業があった。

さらに、連合総研が行った調査では、残業手当が支給される立場の人で所定外労働を行った人の三五・三%が、残業手当の未申告(賃金不払い残業)があると回答した。その不払い残業時間の平均は月二一・三時間、正社員では男女とも不払い残業「あり」が約四割を占め、男性正社員で不払い残業のある人は、所定外労働を行った人の三六・一%を占め、不払い残業時間の平均も二四・八時間となっている。さらに、驚くことに、残業手当が支給される立場の人で、所定外労働を行った人のうち、残業手当を全額支払われた人は四六・九％と半数を下回り、六・三％は残業手当をまったく支払われなかったとの調査結果が出ている（連合総研・第二四回「勤労者の仕事と暮らしについてのアンケート」調査報告書、二〇一二年一二月）。

3 「新しい労働時間制度」は必要ない

（1）「成果で評価される働き方改革」というウソ

以上のとおり我が国の労働の現場では、長時間労働が蔓延し、多くの不払い労働がなされている。本来であれば、これらをいかに是正するかを考えるのがあるべき雇用政策であろう。

ところが、改訂戦略は、この事態に正面から向き合うことなく、「時間ではなく成果で評価される働き方への改革」を提唱し、このような「働き方」を希望する「働き手のニーズ」があるという。しかし、このような働き手のニーズ自体、立法を要するほど喫緊の課題なのか疑問であるし、そもそも、これを達成するために「新しい労働時間制度」の導入は無関係であることを強調しておかなければならない。

まず大前提として、「成果」で労働者を評価することは、現行法上、何ら禁じられていない。言ってみれば、いますぐできることだ。使用者には、経営権の内容として労働者を評価する権利がある。もちろん、この評価は公正でなければならないという制約は伴うが、それさえ守れば「成果」によって労働者を評価することは何ら差し支えない。経営者の自由の範疇である。

いまでもすぐにできることにもかかわらず、なぜ「時間ではなく成果で評価される働き方への改革」と称して、労働時間規制が適用されない労働者が必要なのだろうか。これに対する説明は一切なされていない。

(2)現行法下でも労働時間と無関係に賃金を多く支払うことは許される

改訂戦略の「労働時間の長さと賃金のリンクを切り離した「新たな労働時間制度」を創設する」との記載は、産業競争力会議における「職務・成果に応じた適正な報酬確保、効率的に短時間で働いて報酬確保」との記載を受けてのものと思われる。しかし、これも新たな労働時間制度がなければできないことではない。

まず、そもそも前提として、労働時間と賃金額がリンクする場面は二つある。一つは、欠勤、遅刻、早退などによって、所定労働時間を欠いた労働時間となることによって賃金額がその分減らされるという場面。もう一つは、所定労働時間を超えて働くことにより（場合によっては法定労働時間を超えて働くことにより）、その労働時間に応じた賃金を支払う場面、つまり「残業代」を払う場面である。

このうち、前者のリンクを切り離すのは現行法上まったく問題なくできる。使用者が賃金額を減額することなく支払えばいいだけだからだ。たとえば、ある労働者の所定労働時間が一日八時間であったところ、当該労働者が六時間でその日にするべき仕事を終えたような場面を想定しよう。この労働者が仕事を終えたからすぐ帰宅すると、所定労働時間よりも二時間短いのであるから、一般的には賃金がその分減額される。しかし、減額しないで満額支払うことは一切規制されていない。「効率的に短時間で働いて報酬確保」は現行法下でも十分に可能なのである。

では、後者の残業代支払いの場面はどうであろうか。この点、法定時間外労働については、現行法上、使用者に割増賃金の支払いが強制される。よって、たとえば、ある労働者が一〇時間かけて成果を上げた場合、他の労働者が所定労働時間内である八時間で同じ成果を上げたとしても、一〇時間働いた労働者に対しては二時間分の残業代の支払いは避けられないことになり、これを免れるには法律上の理由がなければならない（先に説明した管理監督者がその一例）。

問題は、この状態をもって、職務・成果に応じた適正な報酬確保ができていない、効率的に短時間で働いて報酬確保ができていない、ということになるのであろうか。たしかに、一〇時間かかっている分、短時間で効率的とはいえないだろう。しかし、職務・成果に応じた適正な報酬確保は八時間分の賃金が支払われることにより達成されたといえるだろう。もちろん、使用者から見れば二時間分の時間外労働は「余計な出費」ということになろうが、先にも述べたとおり、この支払いを強制する主目的は労働者の健康確保にあり、「報酬確保」ではない。したがって、二時間分の時間外労働に対する賃金の支払いをなくしたからといって、労働者の適正な「報酬確保」が図られるわけではない。

ちなみに、もしこの場面で割増賃金が支払われないとすると、この労働者に対する業務の与え方の見直しは、何ら検討されないことになる。それは、ひいては長時間労働を常態化させ、その健康保持に危険を生じせしめることになる。こういった事態を誘発することは避けなければならない。

(3)「成果」自体が曖昧な概念であること

さて、ここまで「成果」を使用者が正しく評価することを前提で論を進めてきた。しかし、そもそもその前提自体が成り立たない場合があることも十分に念頭に置く必要がある。

周知のとおり、一九九〇年代半ば以降、我が国における賃金体系は、いわゆる年功序列賃金から成果主義、能力主義などと呼ばれる賃金体系へ変わってきたとされている。現在は、回帰現象も見られるものの、多くの企業で部分的であっても成果主義的な制度を導入し、定着傾向にある。ところが、この「成果」の評価をめぐり、労働者が不満を抱くことは少なくない。特に、上司との相性一つで、「成果」に対する評価が大きく変わる事例は後を絶たず、労働相談においても常に一定数存在する。ただ、裁判で争うとなると、先に述べたとおり、使用者側の人事評価権を裁判所が過大に重んじる傾向もあり、なかなか覆らないことが多い。

問題は、「新しい労働時間制度」が導入されれば、こうした「成果」を使用者が正しく評価するようになるかどうかである。これは多言を要するまでもなく、「成果」に対する正当な評価と労働時間規制への適用除外の問題とはまったく関係がない。「新しい労働時間制度」が導入されたからと言って、新しい「成果」を労働者が生み出すわけではなく、いまある「成果」の価値は、既に使用者が評価し、その上で賃金額が定まっている。それが新しい労働時間制度が導入されたら、使用者が突然評価を変えるわけではない。したがって、現在、不当な評価を受けている労働者が、「新しい労働時間制度」が導入されるとその評価が俄《にわ》かに好転するわけではない。

産業競争力会議では、「新しい労働時間制度」が導入されれば、「成果」に応じた報酬が得られるなどと公言するが、その両者に因果関係はないのである。

（4）労働者の生産性も上がらない

労働者の生産性を上げるためにも「新しい労働時間制度」が必要だという指摘もされている。しかし、これもごまかしである。

先に指摘した通り、適正な報酬や短時間・効率的に報酬を確保することは、新しい労働時間制度を導入せずとも可能である。与えられた業務を完了した労働者が早く帰っても賃金を減じないとか、むしろ逆に増額された賃金を支払うなどすればよいだけで、新しい労働時間制度とは関係のない方策で達成しうる。

むしろ、「新しい労働時間制度」は濫用される危険がある。そうなると、労働者の生産性は上がるどころか、下がることが想定される。

現行法上、労働時間規制の例外は多い。たとえば、先に言及した管理監督者、裁量労働制などがその代表である。管理監督者と言えば、「名ばかり管理職」問題が記憶に新しく、いまも多くの企業で管理監督者を濫用し、残業代不払いが横行している。財団法人労務行政研究所が二〇一二年一一月二日に発表した「管理職に対する残業代、深夜割増賃金の支給状況」によれば、管理職に対する残業代の支給状況として、部長クラス九五％、課長クラス八九％、課長代理クラス五一％が「不支給」となっている。おそらく、裁判例において認められている管理監督者の定義に照らせば、これらの不支給状況は違法とされる可能性が高い。にもかかわらず、不払いが多数ある。

裁量労働制にあっても、「裁量」とは名ばかりで、超長時間労働をさせられている例は多い。裁量がないほど働かせながら、裁量労働制ということにより、実際の労働に見合った賃金が支給されていない相談例は多い。

このように、規制に対する例外制度は濫用の危険があることを、まず念頭に置く必要がある。「新しい労働時間制度」も当然、濫用される危険は高い。その場合、生産性が上がるどころか、新たな不払い労働の口実を与えるだけで、長時間労働による健康被害が頻発するものと予想される。その結果、生産性は下がってしまうだろう。労働者の生産性を上げるのであれば、政策としては別の方法を選択すべきである。

(5)労使合意、本人の希望・選択は歯止めにならない

また、この「新しい労働時間制度」は、労使協定や労働者の合意が必要な制度とする記載が、産業競争力会議や規制改革会議の資料のなかの随所に見られる。しかし、そもそも個別労使関係においては、その交渉力は、使用者の方が強く労働者は弱いことは大前提である。その状況下で、労働者の合意を要件としても何の歯止めにもならないことは多言を要しない。さらに、労使協定についても、先に指摘したとおり、三六協定でさえ、過労死ラインを突破する協定が多く存在するのであるから、これも有効な歯止めとはならないであろう。

あたかも労働者側が選択するのであるから弊害が少ないかのように見せかけようとしているが、現実の労使関係を前提にすれば、それがごまかしであることは明らかである。

(6)「ダラダラ残業」をなくすというウソ

さらに、「新しい労働時間制度」を導入しようとする側からは、「残業代目当てで残業をする労働者がいる」、「残業代が出ない制度を導入すれば、そういった目的の長時間労働がなくなる」などと述べる者もいる。しかし、さまざまな調査を見ても、残業をする主な理由で「賃金を確保するため」が第一位になったものはない。

たとえば、東京都の「中小企業等労働条件実態調査」(二〇〇八年)では、時間外労働を行う主な理由の一位は「業務量が多い」(四〇・四%)である。以下、「自分の仕事をきちんと仕上げたい」(三五・九%)、「所定外でないとできない仕事がある」(一七・七%)、「人員が不足している」(一六・二%)と続く。「収入を確保する」は八位で、三・九%に過ぎない。

また、独立行政法人労働政策研究・研修機構の調査(二〇一〇年一二月)では、所定労働時間を超えて働く理由の第一位は管理職・非管理職ともに「仕事量が多いから」(管理職六三・九%、非管理職六二・五%)であり、二位は「予定外の仕事が突発的に飛び込んでくるから」(管理職三六・〇%、非管理職三一・二%)、三位は管理職は「自分の仕事をきちんと仕上げたいから」(三〇・九%)、非管理職は「人手不足だから」(三〇・二%)であった。「残業手当や休日手当を増やしたいから」は、管理職で〇・一%、非管理職で三・九%に過ぎない。

こういった調査からも、時間外労働を行う理由は割増賃金目当てが主目的ではないことは明らかである。にもかかわらず、あってもごく少数に過ぎない「ダラダラ残業」を標的にすること自体、的外れな指摘である。

(7)年収一〇〇〇万円という要件は必ず引き下げられる

最後に年収一〇〇〇万円という要件についてであるが、これは制度創設時の水準であり、その後、徐々に引き下げられることは火を見るより明らかである。

二〇一四年六月一六日に開かれた衆院決算行政監視委員会で民主党・山井和則氏の質問に対し、安倍首相は「現時点では一〇〇〇万円が目安になる」と述べ、年収一〇〇〇万円以上の従業員を対象とすることを明言しつつ、「経済状況が変化する中で、その金額がどうかということはある」と語り、基準となる年収を将来的に引き下げる可能性に言及している。

そもそも、二〇〇五年の日本経団連の提言においては、「当該年における年収の額が四〇〇万円(又は全労働者の平均給与所得)以上であること」とし、年収が四〇〇万円程度の労働者を対象とすべきであると提唱していた(日本経済団体連合会「ホワイトカラーエグゼンプションに関する提言」二〇〇五年六月二一日、一三頁)。こうしたことからも、財界や政府が見ている「残業代ゼロ」の年収要件は、一〇〇〇万円を大きく下回るところだと言ってよいだろう。

制度が一度導入されれば、あとはなし崩し的に対象が拡大されるおそれがある。一〇〇〇万円だから「自分は関係ない」と労働者・国民に思わせることが狙いであるから、この点で幻惑されてはならないだろう。

おわりに——必要な改革は何か

以上見てきたとおり、政府が示す「新しい労働時間制度」を導入する社会的な必要性は、まったく説明されていない。むしろ、長時間労働が蔓延する我が国においては、長時間労働を解消する方向で、まずは規制を強化すべきである。

何よりも優先して必要なのは、働く者の健康の確保である。これだけ過労死が生じていて、法制度として何らの進展もしなかったことにこそ、ドリルで穴を空ける「改革」が必要といえる。過労死等防止対策推進法の制定により、その動きをより本格化することが第一に必要な改革である。

すでに、「新しい労働時間制度」は法律化に向けて労政審（労働政策審議会）で議論が進んでいる。次期通常国会での法律化を目指す動きである。

労働者の健康に重大な支障をもたらすことが想定される「新しい労働時間制度」の実現を阻止することが重要である。

Ⅲ　若年労働の実態から見た労働時間改革

今野晴貴（ＮＰＯ法人ＰＯＳＳＥ代表）

はじめに

すでに、Ⅱ章で、現行法の構成と、雇用改革の引き起こす問題点について詳細に触れられた。本章では少し視点を変え、劣悪な労働条件を強いる企業の労働時間管理の実態の検討を通じ、改めて労働時間制度のあるべき姿を考えていきたい。とくに、昨今話題となっている「ブラック企業」と呼ばれ得る企業群は、新手の手法により、若者を使い潰すほどの長時間労働を強いている。そして、若年労働者が精神疾患にかかる事態も増大している。

日本社会は以前から「過労死」を世界語にさせるなど、長時間労働が蔓延してきた。近年の若年労働者が置かれている過酷な長時間労働の実態からは、日本社会の長時間労働問題の継続と深化を見て取ることができる。こうした「事実の確認」は、労働時間規制改革が現実に何をもたらすのかを検討するうえで不可欠な視点である。

この章では、私がＮＰＯ法人ＰＯＳＳＥの代表としてかかわってきた数千件の労働相談の経験を中心に、労働時間改革で「何が起こるのか」を検討していきたい。

1　「目標」の無限性

「労務管理の技術」と長時間労働

昨今の若年労働問題として注目されている「ブラック企業」は、長時間労働やパワーハラスメントによって、若者を次々と精神疾患に罹患《りかん》させ、退職に追いやるような企業であり、高い離職率によって特徴づけられている。三年以内離職率が五割を超える企業も珍しくはない。長時間労働こそが、「ブラック企業」においても中心的な問題内容である。

これら「ブラック企業」は違法な労働を強いる企業であるとの認識が広がっているが、必ずしも明白な「違法」とはいえないケースも多々存在している。事実上、日本には労働時間の上限規制が存在しないため、長時間労働の結果として鬱病に罹患するほどに働かされるケースも後を絶たない。

こうした背景には、安く、長く働かせることを、「労務管理の技術」として、系統的に行う企業の存在がある。そうした企業では、若者が過労死・過労自殺にまで追いつめられる事件を引き起こしているが、長時間労働を強いる「労務管理の技術」は、弁護士、社会保険労務士、コンサルタントなどによって確立されており、「偶発的な事件」ではない（詳しくは拙著『ブラック企業』文春新書、二〇一二年を参照してほしい）。

この「安く、長く」働かせる技術は、①労働者の心理状況に働きかけるものと、②労働時間管理に関わるものに分けて考えることができる。前者については、「**目標の無限性**」と表現することが妥当だろう。また、後者については、技術として確立された「**事実上のホワイトカラー・エグゼンプション（WE）**」がすでに行われており、その結果としての「**選択不能の労働市場**」が顕現している。結論を先取りして言えば、これらの労務管理の実態のさらなる拡散・全面化こそが、今回の労働時間改革の「行きつく先」である。

目標管理の無限性

「目標管理」は、今次の改革でも重要な要素となっている。改革案によれば、労働者は目標設定を行い、これについての達成を、労働時間とは無関係に評価され、賃金に反映される制度が望ましいという。すなわち、「目標」の達成に対して賃金を支払う(ペイ・フォー・パフォーマンス)ため、何時間労働をしたのかは一切考慮しない。

では、この「目標」はどのように設定されるのだろうか。二〇一四年四月二二日に発表された産業競争力会議の長谷川主査によるペーパー(長谷川ペーパー)によれば、「労働時間上限要件型」については、「使用者は、新制度の利用者に対して、期初にその職務内容(ジョブ・ディスクリプション)及びその達成目標を提示する」とされ、「ハイパフォーマー型」についても「使用者は利用者に対して期初に、職務内容(ジョブ・ディスクリプション)及びその達成目標を提示し、その達成度および報酬等をあらかじめ明確にする。報酬は、成果・業績給のウエイトの高い報酬体系を適用し、仕事の達成度、成果に応じて反映する」とされている。

要するに、使用者側から職務内容、達成目標を提示し、かつ、その達成度も使用者が評価して報酬を支払うということである。さらに同ペーパーの興味深いところは、このように規制を緩和することで、適切な「達成目標」が明示されるようになり、後述する日本型雇用が抱える問題が解決するとまで主張している点である。

これらの取組みにおいて最も重要なことは、職務・能力等の明確化であり、それに基づく処遇や雇用管理のあり方などを明示することである。よって、本来「ジョブ型」の普及・拡大、また、「メンバーシップ型」であっても可能な限り職務・能力の明確化を図ることであり、最終的には、労使双方が互いの権利義務関係を明確にする契約社会に相応しい行動様式を確立させることにある。

しかし、このような主張はあまりにも現実からかけ離れ、「観念的」と言わざるを得ない。目標設定の実態について、いくつかの労働相談からケースを例示しよう。

大手小売店に新卒で総合職として入社し、店舗の売上ノルマが課されるが、その目標設定は、前年よりも高くなるようにしなければならない。月に数千円ほどは必ず自分で買う。うつ病で体を壊す同僚も多く、同期の七割が「辞めたい」とこぼしている。当人も潰瘍性胃腸炎との診断を受けた。（二〇代、男性、小売業）

新卒で入社した会社で、六月から店長を任されるようになった。七月からはさらにもう一店舗の店長を兼任するように命じられた。その後、さらに二つの店舗の担当をすることになった。月に一〇〇時間以上残業することもあり、二カ月近く休日がない月もあった。新店立ち上げの際は、一カ月丸ごと出勤する必要があった。それにもかかわらず、基本給は一六万円で他の手当もない。残業代も払われない。(二〇代、男性、飲食店)

店舗の店長とは、典型的に「職務」と「業績」がはっきりしている職種だということができるだろう。だが、その目標設定を対等に交渉できる労働者は、実に少ないのが現実ではないだろうか。また、長谷川ペーパーでは新制度の適用対象として「営業職」を例示しているが、この業種からの労働相談も絶えることがない。

イベント会社で営業を行う二〇代、新入社員の女性(の母親)からの相談。毎日五時間程度の残業があり、休みの日も出勤することがある。早いときには朝六時半から出社することもある。とにかく成約し、業績を上げる必要がある。責任が重く、個人に負わされる。一年目の夏から一人で業務を担当するようになって、それから大変になった。毎日泣いている同期もいる。母親からは「廃人」のように見える。笑わなくなり、話さなくなった。食事もとることができない。残業代は一切支払われない。

大手不動産会社の労働者からの相談。顧客対応の営業を行っている。残業時間は自分で決めて働く。ただし、成績が上げられないと賃金が減額されるので、実際は出勤しなければならない。電話対応はローテーションで行うため、長時間勤務する労働者ほど有利になる。このため、深夜まで帰ることができない。

ここでもやはり、「目標」「業績」が使用者から提示される際には、労働者の生活や健康を損なうことになりがちである。「目標設定の無限性」は、すでに若年労働者の世界に蔓延している。

「社会人として甘い」——目標管理の技術

私の強く印象に残っている労働相談事例がある。ある、若い労働者からの相談だった。彼女は毎日四時間以上の「サービス残業」をこなしており、休日の出勤も頻繁に求められるという。それにもかかわらず、「社会人として甘い」と言われると、「自分はまだまだ成果を上げられていないから仕方ないのかもしれない」と思うというのだ。何を、どこまでがんばったらよいのかわからないというのはたいへん恐ろしい状況である。

しかしながら、後述するように、それは従来からの日本社会の特徴であり、そこに付け込んで長時間労働に若い労働者を意図的に駆り立てる企業が後を絶たないのが実情である。「目標」が無限に設定できるがゆえに、常に長時間労働を労働者に要求する企業が現れ続けるわけだ。

こうした駆り立ての「技術」はさまざまなバリエーションとともに、広がっている。例えば、相談事例にもあったように、入社後すぐに「店長」や「幹部」に取り立てるというものだ。まず、彼らは新入社員に対し、「半年間で店長になれ」「幹部社員を目指せ」などと競争心を煽《あお》る。

ある大手小売店では、「半年間で店長になる」ために、入社してすぐに長時間の勤務及び研修に従事する。七時に出勤し、二二時前後までの労働。こうした労働は「上を目指すため」に当たり前のことであり、「店長にならなければ、この会社に入った意味はない」ということが社内常識になっている。同社の新卒三年以内離職率は、五割に達する年もある。正社員としての地位の確保、あるいは「幹部社員」を目指すために、常に「業績目標」や「達成目標」があいまいなままに突きつけられている。しかも、幹部社員は任意に目指すものではなく、目指すことが強制されており、目指さないものは社内に残れず、辞職を実質的に強要される。

そして、競争に勝ち抜いた社員に待っているのは、管理監督者の待遇である。入社後半年間で幹部社員として扱われ、労働時間規制の適用が除外される(もちろん、訴訟となれば違法の判決が下るであろう)。この時点で、労働時間は無限である。厳しい業績目標、ノルマを達成するためにはサービス残業を繰り返すほかはない。こうした「管理職」「幹部」に偽装登用することも、当人たちに長時間労働(及び残業代不払い)を「仕方がない」と思い込ませるための技術である。

また、ある気象予報大手の企業では、入社後半年間を「予選期間」と位置づけていた。予選期間中、同期との競争に勝ち残るために、極めて長時間の労働に従事せざるを得なくなる。なかには月間二四〇時間以上の残業をした労働者もいた。しかも、給与は「年俸制」であり、残業代は支払われない。結局、同社では自殺する若者を出すことになった。

さらには、「独立」を煽る企業もある。ある大手IT企業では、入社間もない社員たちを次々に「起業」させる。同社の広いフロアのなかには、小分けされた一人一人の会社が入居している。独立している以上、彼らには労働法が適用されず、委託された業務を自己責任でこなし、その業務の達成に応じた報酬を受け取ることになる。長谷川ペーパーが目指す世界の究極版ともいえる「労務管理」だが、すでに社会に存在している。

繰り返しになるが、業務の達成目標にせよ、「地位」を得るための目標にせよ、何を、どこまで達成すればよいのか、その「基準」が不在なのだ。そのため、いま現在でも、労働者の労働量は実質的に「無限」なのである。もちろん、そこで設定される目標値は、企業ごとに異なるだろう。労働組合の有無、交渉力量によっても、かなりの差が発生するはずだ。大切なことは、労使関係が不在のとき、あるいは交渉力が失われた場合の「歯止め」はどこにも存在しないということだ。そして、「無限」に目標設定を行う企業は例外的存在ではなく、それどころかますます「駆り立て」の技術が普及しているのが実状なのである。

2　選択不能の労働市場

固定残業制と事実上のWE（ホワイトカラー・エグゼンプション）

次に、新しい労務管理の手法が広がり、事実上のWEの先取りが行われている実態を見ていこう。WEの法的な性質は「労働時間と賃金の関係の切断」にこそあるが、実は、この関係はすでに新しい「労務管理の技術」によって曖昧化されてきた。その最悪の手法が「固定残業制」である。この手法は、とくに何らの規制緩和も必要としないゆえに、あらゆる職場に浸透しつつある。労働市場との関係で極めて重大な論点を含んでいるので、やや詳しく見ていくことにしよう。

固定残業制度とは、基本となる給与のなかにあらかじめ残業代を含める労務管理手法である。基本給のなかに含みこんで表示する「**組み込み型**」と、「業績手当二万円」のように、一定の手当を残業代分として支払う「**手当型**」の二類型がある。どちらも基本となる労働時間と賃金の関係を曖昧にする点では同じだが、前者の方がより関係を曖昧化する点で悪質だ。

従来から、「月に〜万円」などと残業手当を固定する方法(その他の名称でよばれることもしばしばである)は広く行われてきた。これに対し、近年急速な広がりを見せる手法は、残業代をあらかじめ「基本給」に含めることで、もはや「いくら(何時間)働いた分にいくら支払われる」という基本的な関係を喪失させつつあるのだ(図参照。以下、固定残業制度については、川村遼平「相談事例から見る「固定残業代」の問題点」『労働法律旬報』二〇一四年九月下旬号を参照した。川村氏はＰＯＳＳＥ事務局長であり、私とともに相談実務に従事している)。

たとえば、月給二五万円、最低賃金が八〇〇円として計算してみよう。この二五万円分のなかに、法定労働時間(週四〇時間)に対応する賃金と、これを超えた分の賃金が両方含まれていることになる。実際に残業するか否かにかかわらず、この月給二五万円は支払われるため、あたかも「恩恵的」な措置であるかのように理解されることもある。だが、実際には労働者を、安く、長く働かせる技術として作用している。

月の法定労働時間を一八〇時間だと仮定すると(実際には一七〇時間程度だが、計算の便利のため)、法定時間内の賃金は一四万四〇〇〇円(一八〇×八〇〇円)となり、残りは一〇万六〇〇〇円だ。これを法定外残業代に組み込むと、一〇六時間分に当たる(割増賃金は八〇〇円×一・二五＝一〇〇〇円)。つまり、新たに残業代を支払うことなく、使用者は過労死ラインを大きく超える、一〇六時間もの残業を命じることができてしまうのである。月給が三〇万円であれば、さらにこの時間は広がる。

労働時間	対応するべき給与	会社の対応
30時間分 →	追加割増手当	→×②追加分を支払わない
40時間分 →	固定残業代	①組み込んで表示
170時間分（所定労働時間） →	基本給	

図　固定残業制のイメージ

出典：川村遼平「相談事例から見る「固定残業代」の問題点」『労働法律旬報』2014年9月下旬号をもとに説明を補った.

固定残業制度を「活用」した企業では、いくつも過労死・過労自殺事件が引き起こされている。大手外食チェーン店を経営する大庄株式会社の「日本海庄屋」では、新卒社員を「月給一九万四五〇〇円」として募集していたにもかかわらず、入社後に「八〇時間分の固定残業代」が含まれているとした。同社では長時間残業の結果、二四歳の男性社員が過労死するに至っている。この事件は労災認定後、企業の民事上の責任が最高裁まで争われ、会社側の敗訴が確定した。しかし驚くべきことに、過労死の労災認定後も同社は、固定残業制を伴う募集をやめることはなかった。固定残業そのものが労基署の取り締まりの対象にはなっていないからである。

また、ワタミフードサービスの場合、「月収二四万二三二六円（内訳）基本給：一九万円、時間外勤務手当：五万二三二六円（時間外勤務四五時間）」との募集内容である。この計算内容が適切であるかはともかくとして、ワタミの場合、基本給に含むような記載をしておらず、また事前にそのことを明示しているだけ、その他の企業よりも、まだ「良心的」な固定残業制度だといえる。しかし、一日連続一二時間勤務、月間一四〇時間以上の残業を命じられた社員が過労自殺する事件を引き起こしている。

これら、過労死・過労自殺事件を引き起こした企業に限らず、今日では基本給のなかに残業代を含みこみ、提示する企業が珍しくはない。ＰＯＳＳＥには、次のような労働相談が寄せられている。

給与明細をみたところ、契約の際に聞いていた金額と違った。契約書を受け取っていなかったため社長に契約書がほしいと伝えたところ、一九万円で契約していたはずなのに、そのなかに固定残業手当が四万二〇〇〇円含まれていたことがわかった。会社の顧問社労士に問い合わせたところ、「違法ではない」「説明不足ではあると思う」と相手にされなかった。かなり金額が異なるため、生活設計が狂い、困っている。（年齢不明、女性、正社員、経理）

「基本給二〇万円」の募集を見て入社したところ、実際には基本給一四万円、「固定残業代」六万円であったことが判明。本採用が決まった段階だったため、やむをえず提示された条件で契約した。（二〇代、

女性、正社員、サービス職

新卒採用が数百名規模だったが、半年の時点ですでに同期が何人も辞めている。いつも日付が変わってから帰宅しており、朝方になってから帰宅するときもある。残業時間は月に二〇〇時間前後。基本給が二二万円で、「固定残業代」として四〇時間分の残業代が含まれている。それ以上の残業代は出ていない。

（二〇代、男性、正社員、営業）

これらの事例からは、入社前から「いくら（何時間）働いた分にいくら支払われる」という関係がすでに喪失し、判別不能な事態が広がっている実態がうかがえる。最後の事例のように、固定残業代分を超えた不払い残業の事例もみられるが、すでに述べたように、厳密に手続きを行えば、二五万円から三〇万円程度の月給で、実質的にＷＥ（ホワイトカラー・エグゼンプション）の先取りができてしまうのである。

残業代請求の困難

もちろん、募集の段階で虚偽の表示をした場合には、正当な契約とは認められず、未払い残業代の請求が法的に可能である。裁判例では固定残業代の支払いが有効に成立し、残業代の不払いが認められるためには、①割増賃金部分と他の部分の区別（固定残業代の金額の明示）、②割増賃金部分に対応する労働時間の明示等、③固定残業代超過分の清算合意および実態が必要であるとされている（渡辺輝人「裁判事例から見る固定残業代の許容性」『労働法律旬報』二〇一四年九月下旬号参照）。つまり、月給のなかに含まれている残業代が何時間分なのかを明示しており、しかも労働者がその内容をしっかりと説明を受けている必要があるということだ。当たり前といえば、あまりにも当たり前の判断である。

だが、固定残業制に対しては、後からの不払い賃金の請求が著しく困難な理由が四つある。第一に、先ほどの判決は、逆に言えば、厳密にこれらの区別が行われれば、固定残業制は有効だということである。先の日本海庄屋が事件後にもこの方式を変えなかったことは、「事前の明示」さえすれば問題なく適用されると判断したからに他ならない。

第二に、採用内定時や本採用時、あるいは入社後に真の労働条件が明示され、これに労働者が同意してしまう場合が非常に多いのである。五六頁の二つ目の事例にも見られるように、新卒労働者の場合、内定段階や本採用後にこれらの変更が提示されたとしても、他の就労先を再度探すことが難しいために、やむなく「同意」してしまう。労働者本人が形式的にとはいえ「同意」してしまうことで、極めて争い難くなる。左記も典型的な実例である。

一月に一〇〇時間を超える長時間残業と上司によるセクハラで精神疾患を発症。休職を余儀なくされたため、POSSEに相談に訪れた。会社との交渉の過程で契約書を渡され、固定残業代があったことが判明。当事者は勤務中に「サインして」と言われるがままに署名していたが、契約書を熟読する時間を与えられず、また契約書の写しも与えられていなかった。月給は三〇万円ほどだったが、固定残業代として一

〇〇時間分の残業代が含まれていた。そのため、契約書の内容に照らせば、残業代の未払いはほとんど存在しないことになってしまった。固定残業代があることをふまえて時給を再計算した結果、東京の最低賃金とほぼ同額となった。（三〇代、女性、正社員、SE）

第三に、事前の説明も実在しておらず、労働者も明確に同意をしていなかったとしても、訴訟に訴えるには、立証責任と係争費用の負担が生じる。使用者は「事前に説明していた」と偽証したり、同意書を偽造したりする場合もある。

塾の職員として新卒で正社員として雇われた女性の事例。入社した直後からサービス残業が月八〇時間ほどあり、辞めたいといっても辞めさせてくれない。退職と未払いの残業代を請求して、団体交渉を申し入れたところ、会社が雇った社会保険労務士が介入し、「そもそも基本給のなかに四二時間分の残業代が含まれているので、残業代の支払い義務はない」と主張しはじめ、支払いを拒んだ。当人は、そのような契約を結んだ記憶はない。

新卒や若い労働者が、このような「虚構の事実」に証拠をもって反論し続け、請求を実現することは極めて困難である。労働基準監督署が介入した事例でも、弁護士が、残業代未払いの申告を受けて臨検に訪れた監督官に、「給料にもともと残業代が含まれている」と主張したケースもある。監督官はこの対応に対し、引き揚げてしまった。

このケースでは、契約書や就業規則には何らの記載もなかったが、弁護士は「亡くなった父親の時代に皆さんに説明していたんです」とまで主張した。確かめようがない事実を持ち出し(多くは虚構である)、話し合いを長引かせて、当事者が諦めることを狙うのである。

第四に、請求できる賃金そのものを削減する効果がある。固定残業制が、裁量労働制や管理監督者制度と異なるのは、「残業代をすでに支払っている」という形式をとるところにある。裁量労働制や管理監督者の場合には「法的に支払う必要がない」という主張なのに対し、「すでに支払っている」という論理は大きく異なっている。五五頁の図に示したように、固定残業代は、「すでに支払った分」(①組み込んで表示)と、これを超過した部分(②追加分を支払わない)に分かれるが、たとえ残業代の支払いを命じられる結果になるとしても、その額を最小限に抑えることができるというわけだ。

管理監督者制度や裁量労働制(あるいは今後制定される恐れのあるWE)が適用できないとしても、あらかじめ基本給の内容に手当や残業代の組み込みをしておけば、その分「安く」することができるという戦略である。ある弁護士と社労士が書いた「指南書」には、この戦略がはっきりと示されている。

「万が一、管理監督者にはあたらないとの指導があった場合に対応できるように、役付手当の一部を残業代見合いの手当として定義しておけば、その金額分の残業代は免責されることになります」

「営業手当を支払うことで残業代を払い済みとしたいのであれば、やはり定額残業手当方式を採用するほうがリスクは少ないといえます」

（佐藤広一・佐川明生『未払い残業代請求はこう対応する』アニモ出版、二〇一〇年）

これを踏まえ、次の事例に注目していただきたい。

新卒入社三カ月で、中堅不動産会社に勤める方からの相談。求人票には「基本給三〇万＋歩合給」とされ、勤務時間は「九：一五〜一八：三〇」「完全週休二日制」となっていた。ところが、実際には月一五〇時間以上の残業を命じられた。入社後の給与明細には、「基本給一五万円」「固定割増手当一五万円」との記載がある（次頁の資料参照）。固定残業代については契約の際にも説明がなく、また契約書にも記載はなかった。（二〇代、男性、正社員、不動産営業）

給与の半分までも固定残業代に改ざんされている。労働者側からすれば、「月給三〇万円」だと思って入社をしているのであり、もしこの固定残業代部分が認められてしまえば、時給はほぼ最低賃金で、極めて低い労働対価であることになってしまう。もし、入社後に念書をとられるなどした場合、もはやほとんど請求できる賃金はなくなってしまうのである。

支給	基　本　給	固定割増手当						
	150,000	150,000						
								通勤手当
								5,170
控除	健康保険料	厚生年金保険		雇用保険料	所　得　税			旅行積立金
	14,955	25,680		1,525	6,850			5,000
	課税対象額		総支給金額	控除会計額	差引支給額	銀行１振込額	銀行２振込額	現金支給額
	257,840		305,170	54,010	251,160	251,160		

資料　固定残業制を用いる企業の給与明細の例

大半が違法だが、取り締まられていない

実際の固定残業制度を用いた募集の大半は、法的には違法ないし違法が疑われる内容である。私が共同代表を務める「ブラック企業対策プロジェクト」が行った調査結果でも、ハローワークで一定期間に収集した求人のうち、八九・五％が不適切な内容であった(「いわゆる〈固定残業代〉に関するハローワーク求人実態調査」参照。http://bktp.org/news/1127)。

これらを適切な内容になるように取り締まるべきだということはいうまでもないが、それが容易ではないことは、すでに述べた事情が物語っている。私がここで注意を促したいことは、繰り返し述べてきたように、「いくら(何時間)働いた分にいくら支払われる」という関係がすでに希薄になっているということだ。

これでは、労働者はより高い条件の企業を選ぶことができない。これは規制の不足と潜脱によって生じた、いわば、「選択不能の労働市場」である。現状では、事後の残業代の請求だけが、提示された労働条件に引き戻す

唯一の「歯止め」なのである。

低賃金、長時間労働の蔓延

本章の1節で示した企業内の「無限の目標設定」に加え、この「選択不能の労働市場」は若年労働市場に過酷な長時間労働を蔓延させている。先に示した事例が決して「特殊な企業」の実例ではないことは、統計的にも示唆されている。次頁の表をご覧いただきたい。

週に六〇時間以上働く男性・正社員の労働者のうち、年収二五〇万円にも満たない労働者が、二五～三四歳層で一三・九％にも上る。この割合は一五～二四歳ではさらに大きくなる。これらはすでに、最低賃金を下回るような水準であり、法令に違反する長時間、低賃金労働の広がりを象徴する数値である。また、これらの数値は五年前と比べても増加傾向なのである。

3　日本型雇用と長時間労働

ここまで述べてきた「無限の目標設定」及び「選択不能の労働市場」の構造は、従来からの日本型雇用に内在した弊害と密接に関連している。このため、両者の克服のためには、この日本型雇用の弊害に向き合う必要がある。そして、これは今次の雇用改革論とも関連している。1節で述べたように、今次の労働時間改革は、この日本型雇用の「改革」を標榜しているからである。また、世間のさまざまな雇用改革論議を見渡しても、「日本型雇用対規制緩和」という構図が主要な論点になっている。すなわち、「規制緩和」こそが日本型雇用の弊害をなくし、労働時間を

		15-24 歳		25-34 歳		35-44 歳		45-54 歳	
2012 年	60 時間以上就業 総数	185200	100%	1007300	100%	1271700	100%	800300	100%
	うち 賃金年収 250 万未満	86200	46.5	139300	13.9	80300	6.3	40100	5.0
	うち 賃金年収 200 万未満	31500	17.0	40000	4.0	23900	1.9	13100	1.6
	65 時間以上就業 総数	97200	100%	518500	100%	630200	100%	378500	100%
	うち 賃金年収 250 万未満	48200	49.6	73400	14.2	40800	6.5	20400	5.4
	うち 賃金年収 200 万未満	19300	19.9	21900	4.2	12200	1.9	7000	1.8

注） 2012 年 9 月までの最低賃金全国過重平均額 734 円，週 60 時間で 239.5 万円以上，週 65 時間で 261.5 万円以上.
週 60 時間・250 万円の場合，最賃額 770 円以上の都道府県では最賃割れとなる（東京，神奈川，大阪＝正規男性の 26%）.
週 60 時間・200 万円の場合，すべての都道府県で最賃割れ.
週 65 時間・250 万円の場合，最賃額 702 円以上の都道府県で最賃割れ（14 都道府県.正規男性の 63%）.
週 65 時間・200 万円の場合，すべての都道府県で最賃割れ.

		15-24 歳		25-34 歳		35-44 歳		45-54 歳	
2007 年	60 時間以上就業 総数	264700	100%	1340400	100%	1352600	100%	825200	100%
	うち 賃金年収 250 万未満	109600	41.4	148200	11.1	56900	4.2	38200	4.6
	うち 賃金年収 200 万未満	44800	16.9	40100	3.0	17800	1.3	12300	1.5
	65 時間以上就業 総数	124000	100%	668400	100%	655,000	100%	396,600	100%
	うち 賃金年収 250 万未満	49000	39.5	74000	11.1	28900	4.4	20300	5.1
	うち 賃金年収 200 万未満	20200	16.3	22300	3.3	10200	1.6	7000	1.8

注） 2007 年 9 月までの最低賃金全国過重平均額 673 円，週 60 時間で 218.7 万円以上，週 65 時間で 239.8 万円以上.
週 60 時間・250 万円の場合，最賃割れはない.
週 60 時間・200 万円の場合，616 円以上の都道府県で最賃割れ（34 都道府県正規男性の 89%）.
週 65 時間・250 万円の場合，最賃額 702 円以上の都道府県で最賃割れ（東京，神奈川，大阪＝正規男性の 25%）.
週 65 時間・200 万円の場合，すべての都道府県で最賃割れ.

表　正規雇用・男性　最低賃金割れの可能性がある低賃金・長時間労働者

出典：総務省「就業構造基本調査」より，後藤道夫氏が作成.

縮小するというのだ。こうした議論を「現実」から検証するためにも、まずは日本型雇用と「無限の目標設定」及び「選択不能の労働市場」の関連の指摘からはじめよう。

日本型雇用と「無限の目標設定」

日本型雇用の特徴として広く理解されているのは「終身雇用」（長期雇用慣行）と「年功賃金」（職能資格制度）であろう。確かに、両者は日本企業に広くいきわたった労務管理の特徴である。だが、これらを成り立たせる背後の要因がより重要である。

第一に、長期雇用を成立させるためには、企業は市場が要請する需給変動への対応を、解雇以外の方法で行う必要に迫られる。その一つの手段が「景気の調節弁」としての非正規雇用差別であるが、もう一つが、正社員に対する強大な人事権の保持であった。すなわち、残業命令や全国配置転換を行うことにより、雇用調整を行うというわけだ。このため、労働時間の上限規制も不在であり、長時間残業を労働者が拒否することができないという規範も成立してしまった。

第二に、年功賃金は「年齢とともに上がる賃金」という誤解があるが、それは成立の最初期に限られたものであり、むしろ「能力給」としての性格の方が重要である。年功賃金とは、企業に貢献する能力に対する賃金であり、それが上昇するからこそ、賃金が年齢とともに上昇するというわけである。

能力給においては、企業が考課・査定を通じ、「職能資格制度」にもとづいたランク付けを行う。考課・査定は、具体的な「仕事」に対する評価ではなく、潜在的な能力や企業への貢献度に基づく評価になる。労働者は、具体的な「仕事」ではなく貢献度によって評価がなされるため、あらゆる生活を企業に捧げるようになり、全人格的に企業に従属するようになる。こうした事態を熊沢誠氏が「強制された自発性」と表現したことは、あまりにも有名である(『能力主義と企業社会』岩波新書、一九九七年)。この「貢献の無限性」こそが、「無限の目標設定」の起源であり、「サービス残業」や違法な管理監督者制度の適用を労働者に受け入れさせる装置であった。

欧米においてはこれに対し、仕事の内容に対して賃金が支払われる「職務給」が一般的である。「どれだけの業務に対し、いくらの対価が支払われる」という関係が明白である以上、本章1節でみたような「無限の目標設定」は顕現しない。

年齢給からスタートした日本型賃金制度はその後この「職能給」となり、さらに成果給(業績給)へと変遷した。成果給においては、役職と業績が賃金を査定する根拠となる。一見すると、成果給は「年齢給」の要素をほぼ喪失していることから、「非日本型」と見られがちである。しかし、実は、この「業績」による評価は、「目標」が企業の業績(つまりは労働者の貢献)と一致する日本型雇用において、きわだって強く労働者を拘束する。賃金の根拠が、そもそも欧米のような「仕事」による賃金ではなく、会社への「貢献度」や、企業にとって必要な「能力」であれば、それが「業績」に置き換わるだけのことだからである。

1節に挙げた数々の事例を思い出してほしい。「社会人として甘い」と言われ、無理な目標設定をされてしまっても、これを「適切かどうか」判断する指標は存在しない。そもそも、企業への貢献や目標設定は、「仕事基準」ではなく、企業ごとに決定されているからだ。そして、それは当然「営業成績」といった「企業業績」に直結することになる。

こうして、「業績」にせよ、「地位（「店長」のような）」にせよ、それを獲得するためには、企業の業績と連動した「無限の目標」が設定され、そのなかで「強制された自発性」を発揮することを求められるのだ。

日本型雇用と「選択不能の労働市場」

賃金が「能力」や「業績」によって決定されることは、労働市場において「職務による比較」を行うことが困難だということを、同時に意味する。そもそも、日本では新規一括採用が行われてきたため、新卒は「仕事」とは無関係に、企業に就職した。先に見たように、正社員として採用されれば、配属先も仕事内容も企業が決定する権限を有していたのであるから、あらかじめ仕事内容が決定されていないのは当然であった。就職に際し、雇用契約書を作成しない慣行も存在した（近年の労基法改正で、ようやく作成が義務づけられた）。

賃金の水準も、企業の業績に連動しつつ、個々人の属人的「貢献度」によって決まるために、あらかじめ「仕事内容」に対する対価として、比較可能な対象とはみなされない土壌が存在した。こうしたことから、労働者は企業イメージや、企業の業績で入社先を判断することが一般的であった。もちろん、それらが将来の賃金の上がり幅に影響を与えるからである。

こうした構図ゆえに、現在でも、労働者は「どの仕事の何時間に対していくらの賃金」という指標で企業を冷徹に見極めることが困難である。多くの労働者は、正社員になることで、企業への長期的な貢献がいつか評価され、賃金が上昇するものと期待してもいる。そこにつけこまれるために、固定残業制のようなものが、まかり通る。

そのうえ、労働時間の上限規制がなく、最低賃金も低い非正規雇用の差別的賃金に合わせ、極めて低い水準にある。それが、「正社員」に対して、仕事、労働時間、賃金が結びつかない構図をさらに強めている。企業の労働時間、求められる業績、どれだけ昇給していくのか、これらは「入ってみるまでわからない」ブラックボックス状態なのである。

労働組合も企業別組合が大半であるために、労働市場における条件整備に無関心であった。実際に、固定残業制が社会に広がりを見せるなかで、労働組合はこれを是正させる有効な手段を講じてはいない。

今日、「ブラック企業」と呼ばれる企業が世の中に広がり、長時間、低賃金労働が一般化してもなお、労働市場でそれらの労働条件を見定めることが絶望的なまでに困難であるのは、こうした日本型雇用と決して無関係ではない。

規制緩和≠日本型雇用の脱却

では、労働時間の規制緩和は、「長谷川ペーパー」の言うように、日本型雇用の弊害を除去するのだろうか。まず、「無限の目標設定」については、「労働時間と賃金の切り離し」が解禁されることで、なくなるどころかますます過酷になることが懸念される。そもそも、目標設定の過酷さは、労働時間規制のために起こったのではなく、「仕事」の不明確さゆえに、強い貢献度が求められる日本型雇用の構図のために生じていた。純粋な業績評価にもとづいて「労働時間と賃金の切り離し」が行われたとしても、それはこの弊害の原因をさらに無制限化するだけであろう。

次に、「選択不能の労働市場」については、規制を緩和することで労働条件が明らかになるのかどうかが問われる。これについても、むしろ労働条件が、より不明瞭になるだけである。「労働時間と賃金の関係が切り離される」ことで、労働者はますます何時間働き、その対価がいくらであるのか不明のままに、企業選びを行わなければならなくなる。入社後に「同意」を求められれば、現状でも逆らえないのは見た通りだ。一方で、労働者を使い潰すような企業は、事後的な残業代請求の「リスク」を完全に消去して、労働者を募集することができるようになるだろう。

「規制緩和をすれば、制度の弊害が除去される」というのは、近年の制度改革を支配するイデオロギーである。だが、現実を見れば、まったくそのようになる理屈は存在しない。

4　あるべき労働時間改革

有効な政策

では、どのような政策が「日本型雇用」の弊害を乗り越えるうえで有効なのだろうか。第一に指摘できることは、労働時間の上限規制を設けること及び、最低賃金の引き上げである。労働時間の上限が設定されることで、少なくとも「何時間」に対する賃金であるのかは、（その上限において）はっきりとせざるを得なくなる。また、最低賃金の引き上げは、若い正社員の「安く、長く」を抑止することにつながる。

第二に、「残業代請求」を、より実効性をもって行えるような社会的な支援体制の充実が必要である。残業代請求は、無理な目標設定に対し、事後的に代償を支払わせるもっとも有効な手段であるからだ。

第三に、企業に対し、労働時間、賃金、仕事内容の徹底した明確化を社会的に求めていくことが必要である。これは本来、産業別労働組合が担うべき業務であるが、その力量が乏しい日本社会においてはこれを、労働力を送り出す学校や行政などと労働組合が連動し、実現していく必要がある。

これらの施策により労働時間が明確となることで、むしろ「業務の内容」を企業が具体化する圧力が強まるものと考えられる。「無限の目標」や「貢献」が制限されるからだ。同時に、労働の生産性も「一定の時間内」に業務を終わらせる圧力が強まることで、上昇に転じるはずだ。

本章で提案する政策は、前記の三点にとどめるが、もちろん、ここでは書ききることができないさまざまな政策上の課題が存在する。たとえば、労働者の性質（年収や企業における地位、あるいは業態に伴う「雇用類型」）によって、政策は本来異なるべきである。上限規制とこの類型分けの組み合わせの可否も問われている。

しかしながら、何よりも、現実を無視し、「規制の緩和」への幻想が支配するなかでは、こうした具体的な議論をする土台すら成立しないのだということを、強調しておきたい。

おわりに

本章では「現実」から検討を進めることで、「規制の緩和」は問題を決して解決することはないことを確認してきた。規制を外すことで、あたかも労働者と使用者が自由で適切な労働条件設定ができるかのような議論は、あまりにも現実からかけ離れている。

規制のあり方を議論する必要はあっても、それを外すことで問題が解決すると考えることはあまりも荒唐無稽である。労働法学においては、西谷敏氏が「規制が支える自己決定」という極めて示唆的な問題提起を行っているが、この前提に立つことが何よりも大切である（『規制が支える自己決定――労働法的規制システムの再構築』法律文化社、二〇〇四年）。私自身、法学部の学生時代に同書に感銘を受けながら、一〇年が経った。今日の「選択不能の労働市場」を見れば、規制の重要さに気づかぬものは、もはやいないはずだ。

自己決定が喪失した日本社会では、すでに社会の破壊現象が生じている。精神疾患による健康保険の傷病手当給付が急激な勢いで増加し、保険財政を圧迫している。健康で、フルタイムの就労に従事していた労働者が、精神疾患で働けなくなり、社会保険の給付を受けざるを得なくなる。こうした事態が拡大していけば、日本社会全体の生産性は沈み込み、労働力不足もさらに深刻化していくだろう。

「規制が支える自己決定」の死活的必要性は、当事者個人においてのみならず、社会の維持・再生産においても同様の価値をもっている。だからこそ、「現実」にもとづいた、真に日本の長時間労働の弊害を除去するための議論が求められている。

森岡孝二

1944年，大分県生まれ．京都大学大学院経済学研究科博士課程退学，経済学博士(京都大学)．2014年4月から関西大学名誉教授．過労死防止センター代表幹事．大阪過労死問題連絡会会長．NPO法人・働き方ASU-NET代表理事．著書に『過労死は何を告発しているか──現代日本の企業と労働』(岩波現代文庫)，『貧困社会ニッポンの断層』(桜井書店)，『就職とは何か──〈まともな働き方〉の条件』(岩波新書)など．

今野晴貴

1983年，宮城県生まれ．NPO法人POSSE代表．一橋大学大学院社会学研究科博士課程(社会政策，労働経済学)．ブラック企業対策プロジェクト共同代表．著書に『ブラック企業──日本を食いつぶす妖怪』(文春新書)，『ブラック企業ビジネス』(朝日新書)，『生活保護──知られざる恐怖の現場』(ちくま新書)など．

佐々木亮

1975年，埼玉県生まれ．東京都立大学法学部法律学科卒．2003年弁護士登録．旬報法律事務所所属．東京弁護士会労働法制特別委員会．ブラック企業被害対策弁護団．著書に『労働審判を使いこなそう！──典型事例から派遣・偽装請負まで』(共著，エイデル研究所)，『ブラック語録大全』(監修，合同出版)，『震災の法律相談』(共著，学陽書房)など．

いのちが危ない残業代ゼロ制度　　岩波ブックレット 913

2014年11月5日　第1刷発行

著　者　森岡孝二《もりおかこうじ》　今野晴貴《こんのはるき》　佐々木亮《ささきりょう》

発行者　岡本　厚

発行所　株式会社 岩波書店
〒101-8002 東京都千代田区一ツ橋 2-5-5
電話案内 03-5210-4000　販売部 03-5210-4111
ブックレット編集部 03-5210-4069
http://www.iwanami.co.jp/hensyu/booklet/

印刷・製本　法令印刷　　装丁　副田高行　　表紙イラスト　藤原ヒロコ

ISBN 978-4-00-270913-0　　Printed in Japan